제3의 눈과 음모론

성도영

현대 사회와 인간의 내면을 탐구하는 독립 연구자이다. 그는 현대인이 기계처럼 반복되는 일상 속에서 진정한 삶의 의미를 찾아야 하며, 이 과정을 통해 발견해야 하는 죽음과 삶의 진정한 가치를 심도 있게 다룬다. 특히, '제3의 눈'을 통해 보이지 않는 진실을 탐구하며, 삶과 죽음, 진정한 자아 발견의 여정을 철학적, 종교적 관점에서 접근한다. 이 책은 독자들에게 현대 사회의 복잡성 속에서 자신만의 길을 찾을 수 있는 새로운 시각을 제시하며, 깊은 성찰의 기회를 제공하고자 한다.

제3의 눈과 음모론

성도영 지음

인간이면 꼭 읽어야 할 책
삶이 고달픈 자도 꼭 읽어야 할 책
부자가 되고픈 자도 꼭 읽어야 할 책
지하철에서 읽으면 안 되는 책

20세기는 지성의 시대지만
21세기는 감성의 시대를 넘어 영성의 시대이다.
제3의 눈으로 세상을 보아야 한다.

그때 이 세상이 얼마나 재미있게 돌아가는지
얼마나 허망한 세상인지를 보게 된다.
이것을 알아야 인생의 방향을 잡을 수 있다.

머리말

이 책을 쓰게 된 동기는
우리가 매일 기계처럼 일어나서
출근하고 일하고 퇴근하고 아무 의미도 없이
하루하루를 보내는 사람들을 보고
이 글을 쓰게 되었습니다.
사는 것도 중요하고 돈 버는 것도 중요하고
행복하게 사는 것도 중요합니다.
삶의 목적은 나중에 세워도 되지만,
삶의 의미는 분명히 알고는 살아야 하기에 이 글을 씁니다.
왜 살아야 하는지, 어떻게 살아야 하는지, 왜 태어났는지,
죽을 때는 우리는 편안하게 죽을 수 있을지,
웃으면서 죽을 수 있는 인생을 살려고 이 글을 씁니다.

차례

머리말 5

제1화 꽃이 세상에 질문하다   11

    제3의 눈 12
    테스형에게 답을 묻다 15
    깨달음 18
    깨달음의 현상 22
    술술 풀리는 인생은 축복인가 27
    백천만겁 난조우 31
    음모론의 시작 34
    음모론 38
    제3의 눈이 뜨기 힘든 이유 40
    모두 죄인인가 42
    돈이 행복에 영향을 미칠까 45

제2화 꽃이 세상에 대답하다   49

백문이 불여 일견..50
삶의 목적은 행복이 아니다....................................53
제3의 눈을 떠야 하는 이유....................................57
슬기로운 감방생활..60
섞어놓은 세상..62
연꽃은 진흙탕에서 피어난다..................................68
먹거리를 주의하라..72
마약성 물질과 담배를 삼가라................................74
종교는 하나여야 하는가..77
슬기로운 감방 생활 2..84
운명에 인생을 걸지 마라..87

제3화 꽃이 세상에 방향을 제시하다   91

지구를 떠나거라 92
우리는 개, 돼지인가 95
공부하러 온 인생 97
천지가 개벽하기 전 꽃은 피었네 100
세상은 공평한가 103
부자와 가난한 자의 차이 105
풍요가 가져온 현실 110
눈만 뜨면 끝인가 114
눈을 뜬 사람을 알아볼 수 있을까 116
부자는 천국에 갈 수 없는가 118
기도의 비밀 121

제4화 꽃이 세상을 비추다   125

돈오점수 126
바람이 부는 이유 128
성자가 죽으면 130
힐링이란 133
모든 것은 변한다 137
은하철도999 140

진리란...142
삼매란 무엇인가...146
인간은 고쳐 쓸 수 없는 것인가......................................149
신화가 역사인가...151

작가의 말...157

작가 인터뷰...159

사람이 꽃보다 아름다운 것은
사람은 꽃과 세상을 그릴 수 있지만
꽃은 그것을 할 수 없다는 것이다

제1화
꽃이 세상에 질문하다

제3의 눈

　제3의 눈에 대한 설명이나 해석은 영적인 부문에서 다루어야 할 문제이다. 이에 대한 합리적인 설명이나 과학적인 근거는 아직 부족하지만 영성의 시대에는 설명이 가능해진다. 따라서 각 개인의 경험과 해석에 따라 제3의 눈이 어떤 영향을 미칠 수 있는지는 다를 수 있다. 이제 그에 대한 이야기를 해 보도록 하겠다.

　인간에게는 3개의 눈이 있다. 황당한 이야기 같지만 3개이다. 2개의 눈은 우리가 매일 보는 그 눈이다. 나도 있고 너도 있고 서로 보이는 그 2개의 눈이다. 그럼 하나는 어디 있을까? 물론 우리 머릿속에 있다. 이 눈도 나도 있고 너도 있고 모두가 있다. 그런데 이 눈이 얼마나 중요한지 아무도 가르쳐 주지 않으려고 한다.

　부처님의 이마에 있는 그 눈이 어디로 통하는지, 인도 여성의 이마에 찍어 놓은 그 눈이 제3의 눈으로 통하는지를 본다. 인류의 역사상 정치가들이나 성직자들은 절대 제3의 눈이 있다는 것을 가르쳐 주지 않았다. 몇몇 종교인이나 일부 수행자들은 이 눈이 있다는 것을 알고 열심히 수련해서 열려고 하고 있다. 이것을 숨기는 의도가 무엇일까?

　이 책에서 왜 이 눈이 있다는 것을 숨기고 또 왜 이 눈을 못 뜨게 방해를 하고 있는지를 자세히 이야기 해 보도록 하자. 그들이 이 눈을 별로 중요하지 않게 취급해 버렸는지도 생각해 보자. 그 증거는 바티칸 성당 앞에도 있고 세계 곳곳에 있다.

이 눈이 왜 중요한가. 제3의 눈이 인간에게 미치는 영향은 다양하다. 어떤 분들은 제3의 눈을 통해 직관력이나 진실을 파악하는 능력을 발달시킨다고 믿는다. 제3의 눈은 남들이 미처 보지 못하는 것도 꿰뚫어 보는 통찰력으로 정보나 진실을 알아내는 데 도움을 주기도 한다.

제3의 눈을 통해 볼 수 있는 것은 주로 개인의 경험과 해석에 따라 다를 수 있지만 현실 상황은 같다고 볼 수 있다. 종교인이나 수행자들은 제3의 눈을 통해 여러 가지를 경험한다고 한다. 우선 직관력으로 진실을 파악하는 능력이 생긴다. 제3의 눈을 뜬 사람들은 직관이나 진실을 파악하는 능력이 향상된다고 말한다. 이를 통해 문제의 본질을 깨닫거나 숨겨진 정보를 발견하기도 한다.

또한 영적인 경험을 하기도 한다. 제3의 눈을 통해 영적인 세계에서의 경험을 할 수 있다고 주장하는 사람들도 있다. 이는 영적인 열림이나 명상을 통해 새로운 차원의 인식이나 인과관계를 이해하는 것을 의미할 수 있다. 제3의 눈을 통해 사람들의 심리상태를 더 정확히 알 수 있어 미래를 예언하는 능력이 생기기도 한다. 절대자에게만 있는 능력이 아니다.

예를 들면, "당신은 50년 안에 죽는다." 좀 더 정확하게 "얼굴 상태를 보면 20년 안에 죽는다."고 말할 수 있고, 노인에게는 더 정확하게 "10년 안에 죽는다."고 말할 수도 있다. 이는 사람들이나 세상에 존재하는 기운과 감정의 흐름을 인식하는 데 도움을 줄 수 있다고 한다.

이 눈이 중요한 이유는 이 눈을 떠야만이 우리가 살아가는 이유를 알게 되고 살아가는 방향을 잡을 수 있고 내세를 위한 삶도 살 수도 있기 때문이다. 이 눈을 뜨지 않고 살아가는 것은 짐승과 같은 생활을 하는 것이나 다름없다. 일생을 먹고 사는 데만 허비할 뿐이다. 쾌락이나 추구하면서 행복이나 추구하면서 살아가는 동물일 뿐이다. 그래서 이 눈을 꼭 떠야만 된다. 그렇지 않고 죽는 삶은 한 생을 또 허비하는 셈이다. 그런 삶을 살 수 없는 것이다.

테스형에게 답을 묻다

유명한 원로 가수분이 테스 형에게 답을 물었다. 그러자 그 형이 모른다고 했다. 무엇을 물었길래 모른다고 했을까. 나중에 봤더니 "세상이 왜 이렇게 힘드냐?"라고 물었다나. 세계 4대 성인인 한 분에게 물었는데 모른다고 했으면 엄청나게 어려운 질문인 것 같다. 내 소견으로도 그분은 대답을 못 했을 것 같은 생각이 든다.

인간 세상을 힘들게 하는 많고도 다양한 요인이 있다. 물질자원 부족으로 인해 인간들은 자원을 얻기 위해 많은 욕심 때문에 경쟁하게 된다. 이로 인해 자연스럽게 분쟁이 발생할 수 있다. 부족하면 서로 많이 가지려고 경쟁하고 무력을 사용해 자원을 빼앗기도 한다.

자기의 이익과 편리를 위해서 사람들 사이에 분란이 발생하기도 한다. 서로의 목표와 욕구를 충족시키기 위해 서로 같은 방향으로 나아가다 보면 충돌이 발생할 수 있다. 개인 간의 분쟁뿐만 아니라 국가 간의 분쟁으로까지 확대될 수 있다.

다양한 문화와 가치관이 존재하는 인간 사회에서는 이를 둘러싼 다툼이 세상을 힘들게 하는 요인이라 할 수 있다. 한때 우리나라가 전쟁을 겪었던 가난한 시절에 저 부유한 나라 사람들이 와서는 우리를 많이 도와주곤 했었다. 그때 우리나라에서는 서양의 문화와 법과 제도는 물론 종교까지도 동경의 대상이 되기도 했었다. 신을 믿는 국가에서는 그런 것이 들어오면 항상 분쟁지역이 되기도 하지만 불교신자가 많은 나라에서는 그런 일을 겪지 않는다.

서로의 문화와 종교를 이해하지 못하거나 존중하지 못하는 경우 분쟁이 발생할 수 있다. 종교, 인종, 국가 간의 분쟁도 이럴 때 발생한다. 지배자와 피지배자의 권력에 대한 경쟁과 의사소통의 부재도 분쟁을 야기하는 크나큰 요인이 되기도 한다. 서로의 의견이나 요구 사항을 제대로 전달하지 못하거나 이해하지 못하는 경우 오해와 갈등이 발생할 수 있다.

공자의 사상과 이론에도 '이 세상을 살아가는 데 이보다 좋은 가르침이 있을까?' 싶을 정도로 좋은 가르침이 많다. 그러나 정작 이 물음에 대답을 못한다. 내세관도 없다. 그래서 종교로 쳐 주지 않는 것 같다. 그의 사상은 주로 유교라는 체계 안에서 발전되었으며, 공자의 가르침은 중국의 역사와 문화 그리고 우리나라에도 많은 영향을 미쳤다.

소크라테스의 사상에는 그의 탐구적인 정신과 자기인식의 중요성을 강조하는 이론이 많았다. 소크라테스의 방식이 적극적으로 받아들여지거나 일부 비판을 받을 수도 있을 것이다. 그래서 그의 탐구적인 정신과 질문하는 태도는 여전히 많은 사람들에게 영감과 도전을 줄 수 있을 것이다. 이처럼 이 세상을 살아가는 데 많은 가르침을 주는 소크라테스의 사상도 이 질문에 대답하지 못하고 있다.

이 질문에 답할 수 있는 분은 딱 두 사람으로 압축된다. 그렇다. 그 중 한 분은 붓다 형이며 또 한 분은 십자가를 멘 그분이다. 이 두 형이 아니면 대답 못할 어려운 질문을 해 버렸다. 붓다 형에게 물었으면 간단하게 대답할 것이다. 사바세계라서 그렇다고 했을 것이고 또 한 분한

테 물었으면 그분도 역시 간단하게 대답하실 것이다. 그것은 너희들이 죄인이라서 그렇다. 원래 중요한 말은 짧고 간결하게 답을 하는 것이다. 장황하게 설명하면 나중에 아무것도 남는 게 없다. 현자는 짧게 말해서 일침을 가한다.

그럼 이 질문에 대답할 수 있는 분이 이 두 분밖에 없을까? 굳이 한 분 더 추가하자면 그분은 바로 노자 형이 아닐까? 노자 형이 책을 몇 권 더 써 놓고 가셨더라면 아마 세계 5대 성인으로 추대되었을 것 같다. 노자는 자연의 흐름을 존중하고 따르는 것을 강조했다. 자기 발전과 내면 탐구와 개인의 성장과 균형을 중요시했다. 노자 사상을 통해 자기 발전과 내면 탐구에 대한 관심이 높아졌을 것이다. 유연하고 융통성 있는 인간이 되라고 했었다. 또한 부드러움과 융통성을 강조했다. 도교를 통하여 신선이라는 내세관을 세우고 무위 자연사상을 통해 유연하고 개방적인 사고로 몸을 닦으라고 했었다.

공자가 노자를 찾아갔을 때 공자를 보고 세상을 상대로 사기 치지 말라고 했었다. 노자는 공자가 현실성도 없는 말도 되지 않는 인과 예를 내세워 세상을 상대로 사기 치고 있다고 보았던 것이다. 다시 말해 공자가 현실성이 없는 사상을 내세웠다고 보는 것이 노자의 생각이었던 것이다.

노자는 몸을 수련해서 신선의 세계로 통하라고 했었다. 마음을 중요시하는 사상과는 다르다. 결국에는 몸도 중요한 사상이라는 것을 알고 있었다. 몸이 건강해야 마음도 건강해지고 신선으로 통한다는 것을 알고 있었던 것이다. 그러면 붓다 형이 말씀하신 사바세계에 대해서는 뒤에 자세히 설명하기로 하자.

깨달음

깨달음이란 무엇인가? 불가에서 자주 쓰던 깨달음을 사람들은 너무 어렵게 생각한다. 사전을 찾아서 해석하지 않겠다. 스님분들이 쓰시던 단어를 쓰지 않고 일반 사람들이 누구나 들으면 이해할 수 있도록 설명해 보겠다.

깨달음이란 간단히 말하면 알아 버렸다는 뜻이다. 도대체 무엇을 알아 버렸다는 걸까. 깨달음의 수를 세어 보면 아마 엄청나게 많을 것이다. 모르는 지식이나 기술이라도 네이버나 인공지능에게 물으면 누구나 알 수 있는 시대이나 이것은 오로지 자기 스스로 터득해야 한다.

수천 수만 가지 깨달음이 있지만 그중에서 제일가는 깨달음은 우리가 사는 이 세상이 아름다운 감방이라는 것을 아는 것이다. 그렇다. 우리는 이 아름다운 감옥 별에 살고 있는 것이다. 불가에서 말하는 사바세계에 살고 있었던 것이다. 부처님이 말씀하신 그 사바세계인 것이다. 창살이 없는 거대한 감방이라는 것이다.

> 자급자족하면서 살아야 하는 거대한 감방
> 나약하면 살 수 없는 감방
> 서로 죽이지 않으면 살 수 없고

> 서로 뺏지 않으면 살 수도 없고
> 서로 속이고 사기치지 않으면 살 수 없고
> 서로 잡아먹어야 살 수 있는 세상

그리고 다른 생명체를 먹지 않으면 안 되는 그런 세상에 살고 있는 것을 알아야 한다.

이 말을 머리로라도 이해했으면 좋겠다. 사실 머리로 아는 것은 아는 것이라고 말할 수도 없다. 기독교에서 말하는 너희들은 죄인이라는 말도 틀린 말은 아닌 것이다. 태어나서 한 번도 죄를 지어 본 적도 없는데 왜 죄인이냐고 하면 이미 죄를 지었기 때문에 아름다운 이 세상에 태어난 것이라 할 수 있다.

깨달음은 일반적으로 신비하고 깊은 통찰력 또는 내면의 눈을 뜬 상태를 의미한다. 깨달음의 현상은 각 개인마다 다를 수 있지만 여러 가지 현상들이 종종 나타날 수 있다.

깨달음은 인간이나 삼라만상의 새로운 깊은 이해를 얻게 되는 경험을 의미한다. 이는 지식, 인지, 자아 인식, 세상의 본질에 대한 새로운 통찰력을 얻는 것을 의미한다. 깨달음은 종종 심리적 또는 정신적인 성장과 생활방식의 변화를 초래하며, 더 나은 삶의 방향을 제시할 수도 있다.

깨달음은 가끔 명상, 철학적인 탐구, 혹은 깊은 내면적인 탐색을 통해 얻을 수 있다. 이러한 경로는 개인의 심리적 상태와 성향에 따라 다를 수 있다. 깨달음은 종종 양자 물리학, 동양 철학, 종교적 신념, 철학적인 질문에 대한 고찰과 연관되어 있다.

깨달음은 일상적인 경험과는 다른 차원의 인사이트를 제공할 수 있으며, 자아의 한계를 넘어서는 경험이 될 수도 있다. 깨달음은 생로병사에 의문을 가지며 개인적인 삶의 목적과 의미에 대한 질문을 던지게 하며, 삶의 깊은 의미를 숙고하기도 하는 영적 성장을 추구하기도 한다.

깨달음은 주관적인 경험이며 현상이며 머리로 이해했다고 하는 것은 깨달음을 얻지 못했다는 말과 같다. 그러나 깨달음은 개인적인 성장과 이해를 촉진하는 소중한 경험이며, 삶의 의미와 목적에 대한 탐구를 이어 나가는 데 도움을 줄 수 있다.

깨달음의 순간은 개인이 자아를 깊이 있게 보는 현상이고 새로운 관점을 얻는 경험일 수 있다. 이는 자아의 변화와 함께 가치관, 우선순위, 목표 등에 대한 변화를 초래할 수 있다.

인간만이 이 세상에 태어나면서 우는 유일한 동물이다. 호흡을 하려고 우는 것보다 이 험한 세상에 태어난 것이 더 슬펐는가 보다. 진리의 눈으로 보면 탄생이 재앙이요, 죽음이 축복인 것이다. 어떤 이는 세상을 거대한 학교라고 하는 사람도 있는데 그것 또한 틀린 말은 아니다. 감방이나 학교나 사바세계나 말은 틀리지만 다 같은 의미이기 때문이다.

이 남섬주부에는 모든 것이 물질로 이루어져 있기 때문에 수명이 있다. 우리 육신도 물질로 이루어져 있기 때문에 몸에 필요한 영양분을 다른 생명체를 통해 보충해 주지 않으면 바로 죽게 된다. 우리는 어릴 적 엄마 젖을 먹고 자라지만, 이빨이 생성되면서 다른 생명체를 먹어야 했다. 이 세상을 벗어나서 다른 것을 본 적 없는 인간은 그렇게 먹고 사는 것을 당연한 것으로 알고 살고 있다. TV에서 맛집이라고 소개하면서 갈비를 뜯으면서 엄지 척 하는 것을 보고 씁쓸한 마음이 든다. 동물의 갈비뼈는 대기압의 압박을 받지 않고 원활하게 호흡하도록 하기 위해서 만들어진 것이다.
 이 남성주부의 동물들도 끊임없이 사냥하고 잡아먹고 사는 것이다. 그러다가 수명이 다 하면 그대로 죽어야만 하는 세상이다.

깨달음의 현상

　제3의 눈을 뜨는 현상은 각 개인마다 다르며, 정의하기 어렵고 철학적인 주제이기도 하다. 그러므로 깨달음을 경험하거나 그 현상에 대해 자세히 알고 싶다면, 심도 있는 관찰이나 깊은 탐구를 통해 더 많은 지식을 얻는 것이 좋다.
　제3의 눈을 뜨는 현상을 경험하면 자연, 우주, 자타불이와의 연결과 일체감을 느낄 수 있다. 이는 보다 큰 의미와 목적을 발견하고 일체감을 느끼는 데 도움을 줄 수 있다. 내적의 평화와 행복을 종종 가져올 수 있다. 개인이 자기 자신을 받아들이고 사랑하며, 외부적인 것들에 의존하지 않고 내적인 안정과 만족을 찾을 수 있다.
　이 눈을 뜨는 경험은 인식의 변화를 가져올 수 있다. 여태껏 살아오면서 편견이나 고정된 사고 패턴에서 벗어나고 인간들이 보지 못하는 새로운 시각으로 세상을 보는 능력을 향상시킬 수 있다.
　또 현재 순간에 집중하는 것이 얼마나 중요한지를 알게 된다. 깨달음을 통해 현재 순간에 집중하는 능력(正念)이 향상될 수 있다. 과거나 미래에 대한 걱정이나 불안에서 벗어나 현재의 경험에 집중할 수 있게 된다. 정념(正念)은 바른 생각이라는 뜻이다. 8정도(八正道) 중에 일곱 번째에 해당되는 정념이 중요한 이유를 사람들은 잘 모른다.

팔정도 중에서 여덟 번째인 정정으로 이어져 가기 위해서는 정념을 필수적으로 거쳐야 한다. 그래서 그 이유를 설명해 보면 다음과 같다. 바른 생각에 해당되는 정념은 정확하게는 바른 생각이 아니고 빠른 집중이다.

정념이 모든 사람에게 중요한 이유는 과거에 트라우마나 미래에 불안해 마음이 항상 쏠려 있는 현상을 지금이 순간으로 끌어내리려는 마음 집중이다. 왜 생각 사(思)를 쓰지 않고 생각 염(念)자를 쓸까.

지금부터 그 이유를 알아보자. 생각을 나타내는 한자는 의외로 많다.

생각 상(想).
생각 사(思).
생각 염(念).

모두 생각이라는 글자인데 다르다. 공통점이 있다면 모두 밑에 마음 심(心)자가 있다는 것이다. 그런데 쓰는 용도가 모두 다르다.

제일 위에 있는 서로 상(相)자 밑에 마음 심(心)이 있는 생각 상(想)은 코끼리나 백두산을 생각할 때 쓰는 상이고, 두 번째에 있는 상은 밭 전(田)자 밑에 마음 심(心)이 있는 생각 사(思)는 마음 밭을 뜻하기도 하는 이 글자는 말 그대로 마음을 뜯어고치는 사상교육과 세뇌를 시킬 때 쓰는 글이다.

마지막으로 제일 중요한 생각 염(念)은 이제 금(今)자 밑에 마음 심(心)이 있는 글자이다. 즉, 지금의 마음을 나타내는 글자이다. 누군가가 자기에게 괴로움을 주거나 심한 마음의 상처를 입거나 하면 항상 깨어나는 순간부터 잠드는 순간까지 마음이 항상 그쪽으로 쏠려 있다. 일을 하거나 밥을 먹을 때도 마음이 거기에 가 있다. 그런 마음을 지금 이 순간으로 이동시켜서 현재에 모든 것으로 쏟아붓는 고도의 집중 수련이다.

사람은 항상 자기가 현재 무엇을 하고 있는지, 현재 무엇을 보고 있는지, 현재 무슨 생각을 하고 있는지, 알고 있어야 한다. 내가 지금 보고 있는 것이 무엇이며 내가 지금 생각하는 것이 무엇인지 정확하게 일초도 빠짐없이 그것을 알고 있어야 한다. 애인 생각을 하는지 친구 생각을 하는지. 옛날에 망신당했던 생각을 하는지 모욕을 당했던 생각을 하는지 즐거운 생각을 하고 있는지 한 순간도 빠짐없이 알고 있어야 한다. 괴로운 순간이라고 잊어버리려고 할 필요는 없다. 그냥 알고 있기만 하면 된다. 그것이 중요하다.

명상은 마음을 집중하고 내면의 평화와 깨달음을 경험할 수 있는 효과적인 방법이다. 명상을 통해 내면의 안정을 찾고, 자신의 생각과 감정을 관찰하며 자기의 내면으로 들어가는 지혜를 얻을 수 있다.

공자는 나이 50세를 지천명(知天命)이라고 했다. 하늘의 뜻을 안다는 것이다. 하늘의 뜻을 안다는 것은 깨달음을 얻었다는 것이고 깨달음을 얻었다는 것은 제3의 눈이 열렸다는 것이다.

깨달음을 얻는 방법은 다양하다. 명상은 마음을 집중하고 내면의 평화와 깨달음을 경험할 수 있는 효과적인 방법이다. 명상을 통해 내면의 평온함을 찾고, 자신의 생각과 감정을 관찰하며 깨달음을 얻을 수 있다.

독서와 연구를 통해 철학, 심리학, 종교, 철학적인 문학 등 깨달음에 관련된 주제의 책을 읽고 연구하는 것은 깨달음을 향해 나아가는 데 도움이 될 수 있다. 다양한 관점과 아이디어를 탐구하며 자신의 생각을 넓히고 깨달음을 얻을 수 있다.

다른 사람들과의 대화와 정보 교류를 통해 새로운 관점을 얻을 수 있다. 다른 사람의 경험과 지식을 듣고 이해함으로써 자신의 깨달음을 더욱 풍부하게 만들 수 있다.

새로운 경험을 추구하고 새로운 것을 시도해 보는 것도 깨달음을 얻는 데에 도움이 될 수 있다. 자신의 편견과 제한된 사고 패턴을 벗어나며 새로운 시각과 인식을 개발할 수 있다. 이러한 방법들은 깨달음을 얻는 데에 도움이 될 수 있지만, 각 개인마다 효과적인 방법은 다를 수 있다. 자신에게 가장 적합한 방법을 찾아 실천하면서 깨달음을 향해 나아가는 것이 중요하다.

제3의 눈이 열리면 인간의 탄생과 죽음이 한눈에 보이고. 자기가 없는 이 세상이 보인다. 머리로 이해하는 것과 보이는 것은 완전히 다르다. 이것이 눈에 보이기 시작하면 인간이 얼마나 허망하고 처절하게 살고 있는지를 보게 된다. 며칠 몇 달 동안 심한 우울증이나 슬픔에 빠지기도 한다. 어떤 이는 우울증을 앓고 막행막식하다가 극단적인 선택을 하기도 한다.

또 나타나는 현상은 이 눈을 뜨면 세계 4대 성인이 하신 말씀이 모두 이해가 되기 시작한다.

" 인생은 꿈이다 "
" 너 자신을 알라 "
" 하심하라 "
" 낮는 곳으로 행하라 "
" 오른손이 한일을 왼손도 알게하라 "

"탁발을 하는 행위"

"아침에 도를 터득하면 저녁에 죽어도 좋다"

전에는 이런 말을 들으면 좋은 말 같기는 한데 도대체 무슨 뜻인지 몰랐다. 그러나 이 눈을 뜨면 이해가 바로 간다. 공자의 말씀도 바로 이해가 가고 부처님 예수님 말씀도 전부 이해가 다 되어 버린다.

오늘날 우리나라가 자살률 세계 1위라는 오명을 쓰고 있다. 자살자들은 조사해 보지는 않았지만 그중 절반은 이 눈을 통해서 인생의 허망함을 보았기 때문에 그런 행동을 했을 것이라는 추측이 들지만 확신하지 못한다. 거의 맞는 말일 것이다.

생활고나 실연 또는 심한 스트레스로 극단적인 삶을 선택하는 사람은 거의 일부일 것이다. 그런 선택을 하지 않도록 항상 옆에 스님이나 선지식인이 있다면 자살률을 훨씬 줄일 수 있을 것 같다. 혹시나 주변에 우울증을 앓는 분이 계시면 꼭 이 책을 권하기를 부탁드린다.

나의 누나도 그렇게 떠났고 아끼는 후배의 동생도 이런 극단적인 선택을 했다. 이 책을 읽고 한 사람의 극단적인 선택이라도 막을 수 있다면 그것으로 족하고 보람을 느낄 것 같다.

술술 풀리는 인생은 축복인가

꽃길만 걷자. 내가 두 번째로 싫어하는 말이다.

대구에 있는 어느 식당에 가니 "꽃길만 걷자."라는 글이 쓰여 있는 액자를 보고 내가 주인 아주머니에게 말했다. "아주머니 저 말이 저주라는 것은 알고 있어요." 했더니 아주머니 눈빛이 '웬 미친놈이?' 하는 눈빛이었다. 평생을 꽃길만 걸어 온 자가 무슨 일을 한다고 저 표현을 할까?

술술 풀리는 인생은 축복이라고 모든 사람들이 말하지만 나는 과감하게 재앙이라고 말하고 싶다. 아무런 재주가 없는 자에게는 하늘은 복을 준다고 했다. 술술 풀리는 인생에서는 뭐 하나 건질 것도 없고 배울 것도 없다. 오로지 한 생을 편안하게 허비하다 세상에 쓰레기나 남기고 살다 갈 뿐이다. 그것이 축복이라고 할 수 없다. 태평양을 건너는데 파도가 잔잔하다면 조그만 쪽배라도 건널 수 있다. 식량만 충분하다면 어느 누구도 태평양을 못 건널 사람이 없을 것이다. 그것이 인생이라고 할 수 있을까? 과감하게 아니라고 말할 수 있다. 술술 풀리는 인생은 축복이 아니라 재앙이라고 말하고 싶다.

맹자의 고자전에 이런 말이 있다. 장차 하늘이 큰일을 시킬 사람은 어릴 때부터 훈련을 시킨다고 했다. 배를 쫄쫄 굶게 만들고 추위에 바들바들 떨게 만들고 뼈가 꺾어지는 고통을 주고 하는 일마다 틀어지게 하는 아주 고통스러운 훈련을 시킨다고 했다.

그렇게 훈련받은 분이 우리나라 역사에서 찾아보니 한분이 계셨다. 우리나라에 그런 인물이 있다는 걸 찾아냈다. 이순신 장군은 그렇게 해서 탄생되었다는 것을 알게 되었다. 그는 하늘로부터 혹독한 훈련을 받은 사람 중에 하나이다.

쫄쫄 굶고 추위에 떨어 가며 하는 일마다 꼬이고 꼬이고 꼬이고 그렇게 많은 실패를 하다 보면 하늘의 천기까지도 읽게 된다. 무슨 일을 시작하면 실패할지 성공할지 저절로 알게 된다. 그래서 임진왜란에서 23전 23승을 했던 것이다. 우리는 이순신 장군이 23전 23승을 했다 하니, 이순신 장군은 명장이니까 가능하지 않겠냐하고 하지만 사실 거의 불가능에 가깝다. 핵무기를 가진 미국도 23전 해서 23승을 못 한다.

그는 전쟁 때마다 작전을 짜고 작전이 성공할지 실패할지 하늘에 물었을 것이다. 많은 병사의 목숨이 걸린 문제인데 가벼이 넘기지 않을 것으로 여겼을 것이다. 실패하는 작전은 과감하게 폐기처분 했었다. 그리고 이 전쟁이 끝나면 선조가 자기를 그만두지 않으리라는 것도 알고 있었을 것이다. 그래서 마지막 전투에는 전사한 척 하면서 아마 사라졌을 것이다.

그러려면 병사들도 혹독하게 훈련부터 했었어야 했을 것이다. 어설픈 작전이라도 이긴다는 결과가 나오면 그걸 실행했을 것이고 아무리 잘 짜여진 작전도 실패할 작전이 나오면 실행하지 않았을 것이다. 그분은 그걸 알고 있었던 것이다.

수많은 실패를 해 본 자만이 알 수 있다. 꽃길만 걸어온 자는 죽었다 깨어나도 알 수 없는 경험인 것이다. 태풍을 만난 항해사는 작은 파도에 겁먹지 않는다.

꽃길이 저주인 이유는 예를 들어 설명해 보면 여러 가지가 있다. 일반적으로 꽃길은 평탄하고 쉬운 성공의 길을 의미하는 표현이다. 그러나 완전한 꽃길만을 걷는 것은 현실적으로 불가능하거나 함정이 도사리고 있는 경우가 많기 때문에 주의해야 한다.

먼저 꽃길만 걷는다면 현실적인 도전과 역경에 대처하는 능력이 부족해질 수 있다. 꽃길만 걸어 온 자는 어려운 상황에 부딪히면 문제를 해결할 능력도 대처할 능력도 없다. 이는 개인의 성장과 발전을 저해하고 영적 성장도 더디게 만든다.

그다음으로 꽃길만 걷는다면 실패와 좌절에 대한 대비책이 있을 수 없다. 인생은 언제나 순탄한 것만은 아니다. 실패와 역경에 부딪쳐 본 자만이 그에 대한 대처 능력과 견딜 수 있는 지혜가 생겨나는 법이다. 꽃길만 걷던 사람은 이러한 상황에 대처하는 능력이 부족할 수밖에 없는 것이다.

따라서 꽃길만을 걷는 것보다는 어려운 길도 피하지 않는 도전과 역경을 받아들이고 대비하는 능력을 키우는 것이 중요하다. 성공과 실패를 경험하며 성장하고 발전하는 과정에서 인생을 보다 지혜롭게 살아갈 수 있다. 현실에서도 언제나 방해물과 역경이 존재하며, 이를 대비하기 위해 강건한 정신과 불굴의 투지가 필요하다.

꽃길만 걷는 사람은 실패를 경험했을 때 큰 충격을 받을 수 있고, 좌절감에 빠질 수 있다. 실패는 사람을 단련시키는 성공의 교훈이 될 수 있으며, 실패에 대한 대처 능력이 부족하면 성장과 발전에 어려움이 생길 수 있다.

다시 말하자면 꽃길이 인생의 성장과 이 눈을 뜨는 데 도움이 되지 않는다는 것이다. 꽃길만을 걷는 것은 현실적인 도전과 실패에 대한 준비와 대처 능력, 살아가야 할 이유와 목표 설정의 어려움, 그리고 영적 성장과 발전의 기회를 놓치는 요인이 될 수 있다. 따라서 현실을 인식하고 도전을 두려워하지 않는 태도로 다양한 경험을 통해 성장하는 것이 중요하다.

백천만겁 난조우

백천만겁 난조우는 시작도 없고 끝도 없는 수많은 윤회 속에서 살면서 이 눈을 뜬다는 것이 하늘의 별 따기만큼이나 어렵다는 것이다. 수천 수만 번을 죽었다 깨어나도 진리를 만나기는 힘들다는 이야기이다. 짐승들은 더더욱 어렵고 하다못해 인간들조차도 만나기 어렵다.

진리를 보는 눈을 뜨기 위해서는 자기반성과 개방적인 태도가 필요하다. 진리를 찾으려면 자신의 편견과 선입견을 극복하고, 다른 의견을 경청하고 받아들일 준비가 되어야 한다. 하지만 이는 보통의 사람들에게 어려운 일일 수 있다.

이러한 이유들로 인해 진리를 만나기 힘들 수 있지만, 끊임없는 탐구와 개방적인 태도를 갖고 진리를 찾는 노력을 계속한다면 조금씩 진실에 가까워질 수 있을 것이다.

일부 종교적인 관점에서는 인간이 태어나는 이유는 영적인 성장과 깨달음을 얻기 위함이라고 말한다. 인간은 삶의 경험을 통해 자기 개선과 영혼의 성장을 이루고, 더 높은 수준의 인지와 깨달음을 얻기 위해 태어나는 것으로 여긴다.

매일 보아도 알아보지 못하고 매일 들어도 듣지 못하는 사람들이 대부분이다. 그래서 부처님은 "눈이 있어도 보지 못하고 귀가 있어도 듣지 못하네." 하시더라. 아무리 좋은 말도 이 눈을 뜨기 전에는 이해를 못하고 알아듣지도 못할 것이다.

인간은 고등동물이라고 하등동물들을 죽이고 잡아먹고 산다. 그래서 이 감방에서 우리 나름대로 약자를 보호한답시고 법과 제도를 만들어서 나쁜 사람이라고 하는 자들을 처벌하고 있다. 이 세상 사람들은 다 똑같다. 누가 누굴 처벌하고 누가 누굴 용서한단 말인가. 그럴 이유가 없다.

감방에서의 생활도 그랬다. 간수를 제외하고 다 똑같은 인간들이다. 죄목만 다를 뿐이다. 우리들끼리 규칙을 정해 놓고 살고 있을 뿐이다. 인간이라고 최소한의 양심을 마련한 편이다.

법과 질서를 정해 놓아도 그 법과 질서를 이용해서 나쁜 짓을 하려고 하는 사람들이 엄청나게 많다. 또 그 법을 이용하여 잘 살려고 하는 사람들과 큰돈을 벌려고 하는 자들이 눈이 시퍼렇게 뜨고 설치고 다니고 있다. 법과 질서를 이용하여 나쁜 짓을 하려고 하는 인간들이 수두룩하다.

어쨌든 이 사바세계에서 살아가려고 하는 하나의 방법이다. 어차피 죄를 짓지 않고는 살 수 없는 세상이니까. 모두 50보 100보의 삶을 살고 있다. 그래도 좀 나은 것이 있다면 최소한의 피해를 입히고 쓸데없이 생명을 죽이지 않고 살 수 있는 방법을 찾는다는 것이다. 사자가 고기를 먹지 않으면 죽듯이 우리도 어차피 고기를 먹고 살아 있는 채소를 먹어야 한다. 그렇게 배가 부르면 더 이상 그런 짓을 하지 말아야 하는데 우리는 낚시를 하고 사냥을 하고 재미로 살생을 한다. 그게 얼마나 나쁜 짓인지도 모르고 그렇게 살아가고 있다.

그래서 옛날에 어떤 중생이 현자에게 물었다. "알고 지은 죄와 모르고 지은 죄 중해서 어느 죄가 더 큽니까?" 물으니, 현자는 "모르고 지은 죄가 더 큽니다." 했다. 일반 사람들은 모르고 지은 죄를 좀 무겁게 처벌하면 너무 심하지 않냐고 도리어 나무란다. 하지만 진리의 세계에서는 엄중하다. 현대 사회의 법에도 그대로 적용된다. 무지로 인해서 지은 죄는 절대 용서받을 수 없다고 나와 있다.

알고 지은 죄와 모르고 지은 죄는 그 차이는 엄청나다. 알고 짓는 죄는 양심의 가책을 느껴서 한두 번 하고 말지만 낚시나 사냥이 나쁘지 않다고 생각하는 사람은 계속해서 그짓을 하고 있기 때문에 모르고 짓는 죄가 더 무섭다는 것이다. 경전에 예를 들어서 정확하게 설명하는 경우도 있다. 여기에 뜨거운 쇠구슬이 있는데 이 쇠구슬이 뜨거운 걸 아는 사람과 모르고 있는 사람 중에 누가 더 많이 다칠까? 뜨거운 걸 아는 사람은 손에 보호대를 감고 살짝 만지고 말겠지만 모르는 사람은 덥석 그 쇠구슬을 만질 것이다. 그래서 모르고 지은 죄가 훨씬 더 크다고 했다. 죄를 짓지 않고 이 세상을 무슨 재미로 사냐고 하는 사람도 있다. 최소한 하는 짓이 죄인지 아닌지는 알고 살아야 한다는 것이다. 신이 그런 짓을 했다고 자기도 해도 된다는 보장은 없다.

범부중생들은 옆에 부처님이 있어도 옆 동네 아저씨로 보는 법이다.

음모론의 시작

나는 어릴 적부터 하늘을 보는 습관이 있었다. 초등학생 때부터 지금까지 집에서 밖으로 나오면 보통 사람들은 길을 보면서 목적지를 향하는데 나는 항상 밑은 보지 않고 하늘을 먼저 보고 그다음에 길을 간다.

초등학교 때 나의 고향 둑 위에 앉아 먼 하늘을 보면서 항상 낭만에 젖곤 했었다. 이 얼마나 로맨틱하고 낭만적인 아이였는가. 그러면 당연히 먼 하늘에 하얀 구름과 푸른 하늘이 그렇게 아름다울 수가 없었다.

또 다른 것으로는 하늘의 새와 비행기가 보였다. 그런데 어느 날부터 비행기가 이상했다.

보통 비행기는 성층권으로 날아가면 하얀 연기를 뿜으며 날아가는데 조금 있으면 그 연기는 엷어지면서 곧 없어진다. 이게 보통의 여객기 연기이다. 그런데 언제부턴가 여객기도 아닌 것이 전투기도 아닌 것이 수송기 같은 비행기가 성층권보다 훨씬 낮은 고도로 날아가는데, 이상한 것은 검은 연기를 뿜으며 지나가는 비행기의 연기가 쭉 이어져 가다가 뚝뚝 끊겨서 1미터 정도의 마디가 생겨서 날아가는 것이다.

당연히 이상한 생각이 들지 않을 수 없다. 그 당시에 카메라가 귀했던 시기라 찍어놓지 못한 것이 아쉬웠다. 처음엔 엔진이 잠시 멈추었나 생각을 했지만, 자주 그런 비행기를 목격하고서는 더욱 의문이 강하

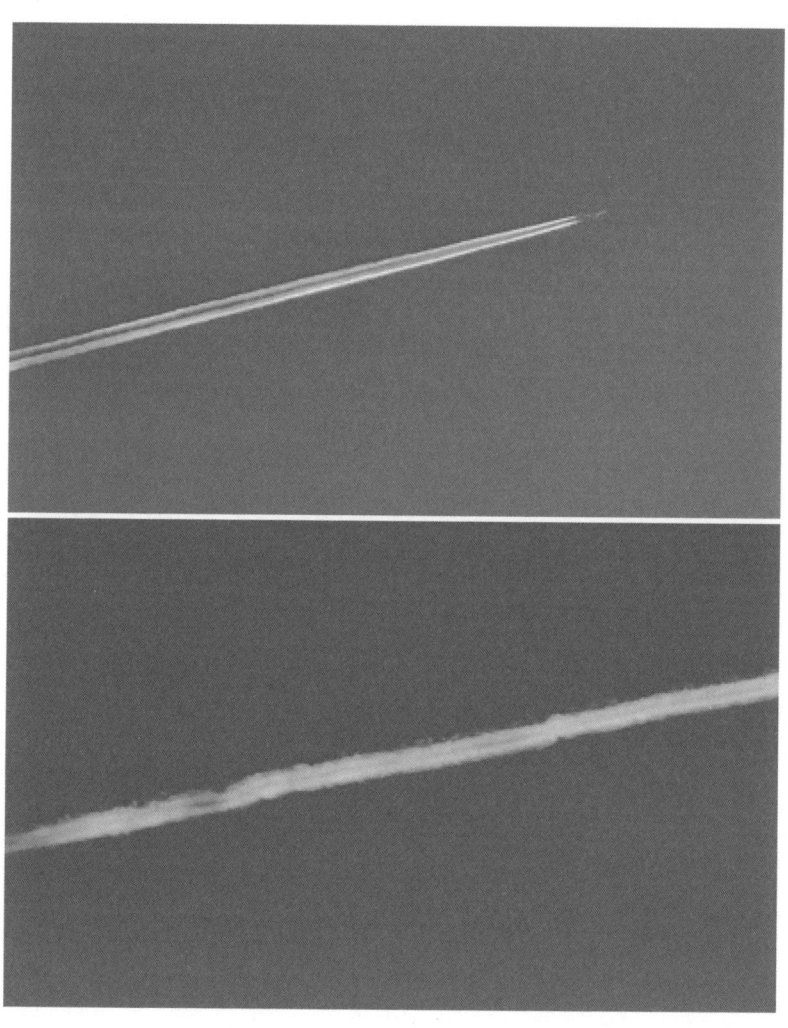

게 들었다.

고등학교 때 윤리 선생님한테서 반공교육을 받을 때 요즘 전투기는 열추적 미사일이 따라 오면 조종사가 잠시 엔진을 꺼 버린다는 소리는 들었지만 그 비행기는 전투기가 아닌 수송기였다. 그 의문이 풀리기 시작한 것은 2003년도 즈음인가? 지금도 방영되고 있는 MBC에서 일요일마다 방영되는 서프라이즈를 보고 그 궁금증이 풀렸다. 그것은 인간을 상대로 생체 실험을 하고 있었다는 것이다.

그 검은 연기는 전문 용어로 케미칼 + 트레일를 줄여서 컴트레일라고 부른다. 화학약품을 뿌리고 있었다는 것이다. 화학약품을 수송기에 싣고서 그것을 비행기 연기처럼 뿌리고 다녔다는 것이다. 중간에 뚝 끊어지는 현상은 약품 드럼이 바닥이 났을 때 교체를 하는데 그때 1미터 정도 마디가 생긴다는 것이다. 설명하는 모든 것이 어릴 때 봤던 현상과 너무 똑같아서 안 믿을 수가 없었다.

그때서야 나는 아! 하는 소리를 내고 말았다. 바보가 도를 통했을 때 내는 소리를 내가 내고 말았던 것이다. 그럼 나도 바보인가. 시치미 뚝.

음모론 주장이 사실로 드러난다면, 그것은 우리에게 상당한 파장을 미칠 수 있다. 그러나 우리는 그 실험이 무엇인지도 모르고 당장에 피해도 나오지 않으니까 아무런 관심이 없었다. 그 실험의 영향은 피해와 범위에 따라 다를 수 있다. 일부 음모론은 사회나 정치적인 변화를 요구하거나 경제적인 영향을 가져올 수도 있다. 또한 음모론이 사실로 입증된다면, 이를 통해 우리는 이전에 알지 못했던 사실을 알게 되거나, 새로운 눈을 뜨는 경험을 얻을 수도 있다.

하지만 음모론은 종종 근거 없이 퍼져 나가는 추측이나 허구일 수도 있으므로, 신중한 판단과 사실 확인이 필요하다. 특히 인터넷과 소셜 미디어의 발달로 인해 음모론이 쉽게 확산되고 퍼지는 경향이 있으니, 항상 신뢰할 수 있는 출처와 근거를 확인하는 것이 중요하다.

미국에서도 똑같은 실험을 하다가 약품이 통째로 떨어져 시민이 죽는 사건이 발생하자. 미국 상원의원이 인간을 대상으로 생체 실험을 그만하라는 법안을 올리고 그 법이 통과되어 그 실험이 중단된 상태다. 그래서인지 2000년도부터 한 번도 본 적이 없었다.

컴트레일(Comtrail)은 항공기가 비행 중에 남기는 연기 흔적을 말한다. 이 연기 흔적은 항공기 엔진에서 배출되는 배기가스와 대기 조건에 따라 형성된다. 컴트레일은 주로 항공기의 엔진 배기에서 생성되는 물방울이 대기 중에서 응축되어 형성된다.

컴트레일은 대기 중에 높은 고도에서 형성되며, 일정한 조건에서는 오랫동안 남을 수 있다. 때문에 여러 항공기가 같은 경로를 통과하면 컴트레일들이 서로 상호작용하여 구름과 유사한 형태를 만들기도 한다. 이러한 컴트레일 현상은 하늘에서 아름다운 광경을 만들기도 하지만, 환경 영향과 기후 변화에 대한 논란의 소지도 있다.

켐트레일(chemtrail)은 화학물질(chemical)과+비행운(contrail)을 뜻하는 영단어를 합친 신조어다.

음모론

　음모론은 일반적으로 비밀스러운 계획이나 음모에 대한 이론이나 주장을 말한다. 음모론은 종종 사회, 정치, 역사, 과학 등 다양한 분야에서 나타날 수 있으며, 일부는 합리적이고 근거가 있는 주장이지만, 다른 일부는 근거 없이 허구로 여겨질 수 있다. 음모론은 종종 사실과 가설을 혼동시키는 경향이 있으므로 신중한 판단과 사실 확인이 필요하다.

　오래전부터 정치인이나 종교인들은 제3의 눈을 서민들이 뜨는 것을 원치 않는 듯하다. 그 이유가 뭘까? 국민들이 똑똑해지면 안 되니까 철저하게 숨겼을 것이다.

　이 눈을 뜨게 되면 국민들은 똑똑해지고 열심히 일하려고 하지도 않고 출세하려고 하지도 않을 것이다. 욕심이 사라진 세상이 발전할 리도 없고 신에게 순종할 리도 없을 것이니까. 그래서 이 눈이 있다는 사실을 숨기고 눈을 뜨지 못하도록 방해하였을 것이다.

　그래서 소문을 퍼뜨려 불소가 치아에 좋다고 하면서 치약과 음료수나 생수에 첨가하도록 하였다. 그러면 송과체는 석회화가 되어 점점 굳게 되고 오로지 인간은 신만 찾는 인간이 되어 버린다. 비행기에서 뿌려대던 그 화학약품도 아마 불소가 아닌가 싶다. 그때 시대상을 보면 충분히 그랬을 가능성이 있다. 역사적 사건을 볼 때 그 어떤 인물이나 성격에 비추어 보면 그 사건의 진상을 알 수 있다. 몇몇 세세한 것은 틀려도 십중팔구 맞아 떨어진다. 우리나라에 급격하게 어떤 종교가 증가한 이유도 아마 이러한 이유 때문일 것이다.

물론 잘 사는 이유도 있긴 하다. 인간의 생명에는 영향을 주지 않고 욕심 많은 인간으로 만들면 되니까. 충분히 그럴 가능성이 높다.

이렇게 후진 국가에서는 일부 욕심 많은 정치가들이 자기의 욕심을 채우기 위해서 국민을 속이기 쉽게 국민들이 똑똑하지 않도록 만드는 경우를 자주 볼 수 있다. 국민들이 똑똑하면 자기의 욕심을 채우는 데 방해꾼이 되기 때문에 빨리 눈치를 못 채게 하고, 또 반대 세력이 나타날 수 있기 때문에 항상 국민이 똑똑해지는 것을 방해하기도 했다. 국민이 똑똑하면 자기가 원하는 방향으로 이끌어 갈 수가 없기 때문에 원치 않았다.

그러나 선진국에서는 국민이 똑똑하면 오히려 통치가 더 원활할 수도 있다. 똑똑한 국민은 문제를 이해하고 분석하는 능력이 뛰어나기 때문에 정책 결정에 도움을 줄 수 있다. 또한, 똑똑한 국민은 다양한 시각과 아이디어를 제공하여 정책을 더욱 발전시킬 수 있다. 따라서 국민이 똑똑하다면 정부와 국민 간의 소통과 협력이 원활해져 더 나은 사회를 구축하는 데 도움이 될 수도 있다.

제3의 눈이 뜨기 힘든 이유

이 눈을 뜨는 것은 여러 가지 이유로 중요하다. 제3의 눈은 우리가 존재의 본질과 인생의 목적에 대해 깊이 생각하고 이해할 수 있도록 도와준다. 이 눈을 통해 우리는 자아를 깨우치고, 내면의 평화와 만족을 얻을 수 있다.

제3의 눈은 우리 자신을 깨닫고 개선하는 데 도움을 준다. 우리는 자신의 강점과 약점을 알게 되고, 더 나은 사람으로 성장할 수 있다. 이 눈을 통해 우리는 실수와 실패로부터 배우고 성장할 수 있는 기회를 얻을 수 있다.

감정의 균형과 안정을 찾기 위해 감정의 흐름을 관찰하고 이해할 수 있는 투명한 상태를 제공한다. 우리는 감정적인 고통과 스트레스를 극복하고, 내면의 평정과 안정을 찾을 수 있다.

다른 사람과의 관계를 개선하기 위해 다른 사람들과의 관계를 더 깊게 이해하고 향상시킬 수 있는 통찰력을 제공한다. 우리는 상대방의 필요와 감정을 이해하고 존중할 수 있으며, 좋은 대화와 협력적인 관계를 구축할 수 있다. 현재의 경험과 삶을 최대한으로 즐길 수 있다.

이러한 이유로 인해 눈을 뜨는 것은 우리의 삶을 더욱 의미 있고 풍요롭게 만들어 줄 수 있다.

늙은 여류 시인의 눈이 슬퍼 보이는 것은 시인은 이 세상을 아름답게 표현하는 능력은 뛰어나지만 정작 이 세상을 보는 눈을 뜨지 못했던 것 같다. 그래서 더 슬퍼 보이는 것 같다.

어이할꼬 어이할꼬 이 한세상 뜻을 이루지 못하고 가면 슬퍼서 어이할꼬. 태어날 때 큰 뜻을 품고 태어났지만 한 세상 살아 보니 다른 사람과 다름없는 인생을 살았네. 좀 더 출세하고, 좀 더 돈 많이 벌었을 뿐, 무엇 하나 이루어 놓은 게 없네. 아 슬프고도 슬퍼서 이 세상을 어찌 하직할꼬.

예전에 어린 직원과 차를 타고 가다가 했던 말이 생각나서 한번 적어 본다. "너는 바람이 왜 부는지 아냐?"고 하니까, "모르는데요." 하더라고. 그래서 "일주일 뒤에 물어볼 테니 한번 알아봐." 했더니 그러겠다고 했다. 일주일 뒤에 알아봤냐고 물었더니, "네. 그 다음 날 바로 알았어요."라 하는 것이다.

그때서야 나는 아차 인터넷 검색을 하지 말라는 말을 안 했다는 것을 바로 알아차렸다. 그때 깨달은 것은 인터넷이나 인공지능이 많은 정보와 지식을 가져다주지만 인간에게 필요한 지혜는 주지 못한다는 것을 알았다. 떠도는 수많은 정보와 현대인들이 즐겨먹는 음식도 하나의 큰 방해 요인이다.

인스턴트 식품이나 식품 첨가제가 많이 들어 있는 식품을 어린애들이 많이 먹는 편이다. 그렇다 보니 온몸이 염증으로 퉁퉁 부어오른다. 뇌 속도 마찬가지로 부어오른다. 염증으로 뇌가 부어올라 송과체가 쭈그러들면 그 눈을 뜰 수가 없는 것이다.

모두 죄인인가

이 감옥별에 떨어진 모든 생물체와 사람들은 모두 죄인인가?

모두 죄인은 아니다. 이 감옥별에 스스로 온 사람들이 있다. 이름하여 보살이라 한다. 얼핏 들으면 무속인들이 좋아하는 말 같지만 사실 무속인들이 보살이라는 말을 많이 훼손해 버렸다. 이 보살이라는 말은 깨달은 중생을 말한다. 부처님 밑에 해당되는 아주 고귀한 존재들이다. 이분들은 왜 이 세상이 왔을까? 이 세계에 사는 사람들을 한 분이라도 더 데려가기 위해서 내려온 사람들이다. 한 명이라도 더 구제하기 위해서 스스로 온 사람들이다.

저 하늘이 선택한 사람들이다. 이 사람들은 돈에 그다지 욕심이 없고 몸도 약하고 야위어 보이지만 의지가 굳고 투철하다. 결단력이 뛰어나고 여성처럼 섬세한 면이 있다. 인간의 탈을 쓰고 있는 진짜 인간이다. 이런 사람을 건드리면 정말 하늘이 노하고 천벌도 내린다.

현실적으로 돌아와서, 인간이 죄를 범하게 되는 데는 여러 가지 이유가 있을 수 있다. 일반적으로 인간은 인간 사회의 도덕이나 규범을 가지고 죄의 유무를 판단한다. 진리의 세계에서는 인간의 잣대로 옳고 그름에 대한 판단을 내려 처벌을 하는 것을 용납하지 않는다. 그러나 여러 가지 이유로 인해 인간세상이나 저쪽 세상이나 죄를 범할 수도 있다.

특히 욕망은 인간에게 내재한 본능적인 요소로, 때로는 유혹으로 이어져 그 유혹을 이겨 내지 못하고 범죄로 이어질 수 있다. 욕망에 사로잡히면 옳고 그름을 분별하기 어려워지고 죄를 범하게 될 수 있다. 무지와 미숙으로 올바른 판단을 할 수 있는 능력이나 지식이 부족한 경우에도 실수로 죄를 범할 수 있다. 이런 경우는 교육이나 경험을 통해 개선될 수 있다.

먹고 살기 힘든 사회적 영향이나 경제적, 문화적인 환경은 개인의 행동에 영향을 미칠 수 있다. 어떤 환경에서는 죄를 범하기 쉬운 유혹이 많을 수 있고, 사회적 압박이나 불공평한 조건이 죄를 유발할 수도 있다. 감정적인 상태나 충동으로 인해 옳고 그른 판단을 제대로 내릴 수 없게 되는 경우가 있다. 심한 분노, 질투, 우울 등의 감정으로 인해 죄를 저지를 수 있다.

이러한 이유들로 인해 인간은 죄를 범할 수 있지만, 인간은 동시에 성찰하고 배우며 변화할 수 있는 능력을 가지고 있다. 죄를 범하지 않으려는 의지와 노력을 통해 옳은 행동을 선택하고, 자기 성장과 타인에 대한 배려를 추구함으로써 죄를 최소화할 수 있다.

인간은 사회적 동물이니 다른 사람들과의 연결과 상호작용을 통해 의미 있는 관계를 형성하고 사회적인 삶을 살아가는 것이 목적이라고 볼 수 있다. 우리는 사회적인 관계를 통해 서로에게 영감과 도움을 주고받으며 성장하고 발전할 수 있다.

이 외에도 인간의 목적에 대해서는 다양한 이론과 철학이 존재한다. 개인의 가치관과 생각에 따라 인간이 태어나는 이유에 대한 해석도 달라질 수 있다. 중요한 것은 각 개인이 자신만의 목적과 의미를 찾고, 그에 따라 의미 있는 삶을 살아가는 것이다.

인간들이 원래 죄인인지에 대한 관점은 종교, 철학 및 개인의 성향에 따라 다를 수 있다. 일부 종교적 전통에서는 타락이라는 개념을 통해 인간의 죄의 유무를 따지고 경우도 있다. 그러나 이는 종교적인 신념에 기반한 하나의 의견일 뿐, 그 외에도 다양한 의견이 존재한다.

인간의 본성에 대한 고대 철학적 논의에서는 인간이 본래 선한 존재라는 성선설의 주장도 있었다. 이러한 관점은 인간의 도덕적 능력과 자유의지에 강조를 두며, 죄악은 개인의 선택과 행동에 기인한다고 주장한다.

또한 인간의 행동과 도덕적 판단은 문화, 교육, 가치관, 경제력 등 다양한 요인에 영향을 받는다. 따라서 죄악성을 가진다는 주장은 개인의 성향과 경험에 따라 다를 수 있다.

결론적으로, "인간들이 원래 죄인인가?"라는 질문에 대해서는 다양한 관점과 의견이 존재하며, 종교, 철학, 개인의 신념에 따라 달라질 수 있다.

돈이 행복에 영향을 미칠까

　돈이 행복에 미치는 영향은 결론적으로 말하면 전부는 아니지만, 아주 많이 미치는 건 사실이다. 돈과 행복 사이에는 상관관계가 있을 수 있지만, 이는 절대적인 관계가 아니다. 초기 수준에서는 돈이 일정한 수준의 행복을 제공할 수 있지만, 일정한 수준 이상의 돈을 가지고 있더라도 행복이 보장되는 것은 아니다.

　돈이 행복에 얼마나 영향을 미치는지는 개인의 관점과 상황에 따라 다를 수 있다. 일반적으로 돈은 우리의 삶에서 필요한 것들을 얻을 수 있는 수단이기 때문에 행복에 일정한 영향을 미칠 수 있다.

　실제로 연구한 자료들은 돈과 행복 사이의 관계를 다양하게 조사하고 있다. 그 결과, 돈이 기본적인 삶의 편의를 증진할 수 있어 행복에 일정한 영향을 미칠 수 있다는 것을 보여 준다. 예를 들어, 돈이 어느 정도는 있어야 건강관리, 교육, 여가 활동 등에 투자할 수 있어 개인의 삶의 질을 향상시킬 수 있다.

　돈이 없으면 살아가기 힘들어서 행복하지 않은 이유가 여러 가지 있다. 돈이 없으면 음식, 의류, 주거 등에 필요한 비용을 지불하기가 어려워 생활이 힘들 수 있다. 이로 인해 영양 부족이나 건강 문제가 발생할 수 있고, 적절한 주거 환경이 확보되지 않아 안전 문제가 발생할 수도 있다. 또한 돈이 없으면 적절한 교육도 받기 어렵다. 교육은 개인의 능력을 향상시키고 더 나은 일자리를 찾을 수 있는 기회를 제공한다.

그리고 적절한 의료 서비스도 받기 어렵다. 질병이나 부상에 대한 치료를 받지 못하면 건강 문제가 악화될 수 있다. 그리고 긴급 상황이나 예기치 않은 상황에 대처하기 어렵다. 긴급한 의료비용이나 생활에 필요한 지출을 충당할 수 없어 생활의 질이 저하될 수 있다. 이러한 것들이 모두 불행의 씨앗이 되는 요인들인 것이다.

이 외에도 돈이 없으면 사회적인 연결성이나 기회에 제한을 받을 수 있으며, 스트레스와 우울감이 증가할 수 있다. 돈은 우리 생활에서 중요한 자원이며, 적절한 경제적 안정성을 확보하는 것이 중요하다.

그렇다고 돈으로 모든 행복과 성공을 달성할 수 있는 것은 아니다. 돈은 외부적인 요소에 의존하는 행복이라면, 내적인 요소들과의 조화가 필요하다. 가족과의 유대관계, 사회적인 관계, 자기계발, 취미 등 더욱 깊은 의미와 만족감을 제공하는 요소들이 행복에 영향을 미칠 수 있다. 행복은 돈으로만 측정되는 것이 아니라 내적인 요소와 태도에 의해 형성되기 때문이다.

돈이 없어도 행복할 수 있는 여러 가지 방법들이 있다. 돈이 없어도 행복을 느끼는 사람들이 많이 있다. 행복은 돈으로만 측정되는 것이 아니며, 개인의 태도와 가치관에 따라 형성된다.

돈이 없어도 자기실현과 내적 충족을 통해 행복을 찾는 사람들이 있다. 취미생활, 예술활동, 내면의 평화를 통해 느끼는 성취감과 만족감은 돈으로 얻을 수 없는 특별한 경험을 제공한다.

그리고 자신이 중요하게 여기는 가치와 의미를 가진 일을 할 때 행복을 느끼는 사람들이 있다. 봉사활동, 자선활동, 동호회 등을 통해 자신의 삶에 의미를 부여하고, 이를 통해 행복을 느끼기도 한다.

또한 돈이 없더라도 소확행을 통해 감사하고 만족하는 태도를 가지는 사람들은 행복을 느낄 수 있다. 삶의 소중한 순간들을 귀중하게 여기고, 주변 사람들과의 연결과 소통을 소중히 여기는 것이 행복을 찾는 데에 도움을 준다.

이처럼 돈이 없어도 행복을 느끼는 사람들은 자기 실현, 가치와 의미, 감사와 만족 등을 통해 행복을 찾아갑니다. 모든 것은 마음먹기에 달려다고 긍정적인 요소와 태도에 따라 형성되는 것이다.

인간관계를 중요시 여겨 가족, 친구, 연인과의 소중한 인간관계는 돈과는 상관없이 행복을 경험할 수 있는 중요한 요소이다. 시간을 함께 보내고 서로에게 관심과 사랑을 나누는 것은 돈으로 살 수 없는 소중한 경험이다.

취미나 공동의 관심사를 가지고 느끼는 성취감과 만족감은 행복을 더해 준다. 영화 보기, 그림 그리기, 음악 듣기, 운동하기 등 돈이 필요하지 않은 취미를 통해 자기 개발과 즐거움을 찾을 수 있다.

자기 성장과 발전은 돈이 없어도 자기 성장과 발전을 추구할 수 있다. 지식 습득, 기술 개발, 새로운 경험과 도전을 통해 자신의 능력을 향상시키는 것은 돈과는 별개로 성취감과 만족감을 제공한다.

돈이 없어도 행복을 찾기 위해서는 내적인 평화를 지키고 관대해져야 한다. 돈은 편의와 안정을 제공할 수 있지만, 행복은 돈으로만 측정되는 것이 아니다. 행복은 더 깊은 내면에서 찾아나가야 한다.

결론적으로, 돈은 일상적인 편의와 안정을 제공할 수 있지만, 행복은 돈으로만 측정되지 않는다. 가난이 대문으로 들어오면 행복이 창문을 통해서 도망가더라는 우스갯소리도 있다. 돈은 완전한 행복을 가져다주지는 않지만 꼭 필요한 요소이다. 개인의 가치관과 욕구에 맞게 돈을 활용하고, 돈 이외의 여러 가지 방법에도 충분한 주의를 기울이는 것이 행복을 얻는 길일 수 있다.

제2화
꽃이 세상에 대답하다

백문이 불여 일견

　백번 듣는 것보다 한 번 보는 것이 낫다는 말이다.
　깨달음은 일반적으로 깊은 통찰력이나 인식의 변화를 의미한다. 깨달음의 경험은 각 개인마다 다를 수 있지만 종종 심오한 진실을 깨닫거나 새로운 인사이트를 얻는 순간을 포함한다. 이러한 경험은 종종 명상, 철학적인 고찰, 신념의 변화, 예술적 창작 등을 통해 이루어질 수 있다. 깨달음의 경험은 자아를 깨달은 시각적, 정신적 또는 정서적인 변화를 초래할 수 있다. 이러한 변화는 일상적인 경험의 방식을 바꾸고, 더 깊은 의미를 발견하거나 새로운 관점을 얻을 수 있게 한다. 깨달음은 종종 개인의 성장과 변화를 도모하며, 삶의 목적과 의미에 대한 이해를 높여 줄 수 있다.
　그러나 깨달음은 개인적이며 주관적인 경험이기 때문에 다른 사람들에게 완전히 이해되거나 공감될 수 없을 수도 있다. 또한 깨달음은 한 번 발생한 후에도 지속적인 노력과 탐구를 통해 개인적인 성장과 발전을 이루어 나가는 과정이다.
　요약하자면, 깨달음의 경험은 개인의 인식과 통찰력이 크게 개선되는 순간을 말한다. 이는 다양한 경로로 이루어질 수 있으며, 개인의 성장과 변화를 도모하며 삶의 의미와 목적에 대한 이해를 높일 수 있다.

이 눈을 뜨지 않는 자에게 공자왈 맹자왈 하면 그냥 콧방귀만 낄 뿐이다. 안타깝게도 소귀에 경 읽기이다. 실감 난다.

일단 이 눈을 뜨게 되면 세상 보는 눈이 완전히 바뀌게 된다.

요즘 아이들은 3살 때부터 한글을 배우기 시작해서 유치원 때 이미 한글을 마스터해 버린다. 나 어릴 적 기억으로는 산으로 들로 진달래 먹고 물장구 치고 다람쥐 쫓다가 초등학교에 입학하는 줄도 모르고 입학했다. 동네 형들을 따라 가라고 해서 졸졸 따라 갔다가 학교 안으로 들어갔다. 운동장에 모여서 "앞으로 나란히" 하길래 그렇게 했다. 그것이 입학이었다.

글자도 모르고 책도 준비되어 있지 않고, 그렇게 가슴에 이름표를 붙이고 선생님을 따라 교실로 들어갔다. 내일 또 와야 된다고 하셨다. 그때부터 글자를 익히기 시작하였다. 초등학교 3학년 때쯤 그때에 글자를 완전히 익히게 되었다.

지금 기억으로는 그 초등학교 3학년을 기점으로 세상 보는 눈이 완전히 달라졌다. 세상에 글자를 아는 것이 세상 보는 눈을 180도로 돌려놓는다는 것을 그 어린 시절에 알았던 것이다.

이 눈을 한 번 떠 보시면 알 것이다. 세상이 어떻게 보이는지를 생활 방식이 완전히 바뀔 것이다. "내가 헛살았구나." 하는 걸 알게 될 것이다. 이때 인생은 방향이 정말로 중요하구나 하는 걸 알게 된다.

삶의 목적은 행복이 아니다

어떤 명언도 100% 진리인 것은 없다. 맞는 사람에게는 맞고 틀린 사람에게는 틀린 말이다. 그러니까 일부 사람에게는 맞고 또 일부 사람에게는 틀린 말이다. 어떤 좋은 말도 모든 사람에게 적용되는 것은 아니다. 70% 이상만 적용이 돼도 진리라고 말할 수 있다. 보통 사람에게는 틀린 말이지만 진리를 좋아하는 사람에게는 이 말이 맞는 말인 것이다.

나에게는 이 말이 맞는 말이기를 바란다. 다른 사람에게는 틀린 말이 될지라도 나에게는 이 말이 맞는 말이기를 바랄 뿐이다. 일반 사람들이 들으면 거의 이해하지 못하고 틀린 말이라고 말할 수도 있다. 그것이 당연하다.

거의 모든 사람들이 행복을 최고인 목표로 삶고 살기 때문이고 또 행복을 추구하면서 살기 때문이다. 또 그것이 당연하다고 믿고 산다. 삶의 목적을 행복이라고 믿고 있는 삶이 거의 대부분이다. 틀린 말이라고 말한 사람이 여태까지 나온 사람이 없다. 쇼펜하우어 같은 철학자가 아니면 이런 말을 한 분이 몇 명이나 될까.

행복을 추구하지 않는 삶에 대한 의문을 가지는 것은 자연스러운 일이다. 삶의 의미나 목적을 찾는 것은 개인의 경험과 가치관에 따라 다를 수 있다. 각자가 자신만의 이유와 가치를 발견하고 추구하는 것이 중요하다.

행복한 삶을 살아가는 이유는 사람마다 다를 수 있다. 가족과의 유대, 친구들과의 관계, 성취감, 자아실현, 사회적 기여 등 다양한 이유가 있을 수 있다. 자신이 소중하게 생각하는 가치와 목표를 설정하고 그에 따라 행동하는 것이 삶을 의미 있게 만드는 한 방법이다.

또한, 자신이 원하는 삶을 위해 노력하고 성장하는 것도 중요하다. 자신의 장점을 발전시키고 부족한 점을 극복하며 자기계발에 힘써 보자. 그리고 주변 사람들과 소통하고 협력하여 함께 성장하는 경험도 소중한 것이다.

누군가가 했던 말이 생각난다. 인생은 속도가 아니라 방향이라는 말이. 방향을 잘못 잡으면 평생 달려온 시간들이 아무런 의미가 없는 시간이 되어 버린다.

거의 모든 사람이 행복을 최고의 목표로 삼고 열심히 살아간다. 행복하기 위해서 공부하고, 행복하기 위해 돈을 벌고, 행복하기 위해 결혼해서 자식과 아내와 행복하게 사는 것을 우선으로 생각한다.

삶의 목적은 행복이 아니다. 깨달음이다. 깨달음 없는 삶은 동물의 삶과 다를 바 없다. 동물들은 아침에 일어나서 먼저 목을 축이고 그다음에 끙끙거리면서 하루 종일 먹이를 찾아다닌다. 약한 동물을 만나면 잡아먹고 강한 동물을 만나면 그날로 세상을 하직하고 만다.

배를 채우면 이번엔 암컷을 만나 사랑을 하고 밤이 되면 안식처를 찾아 편안하게 잠이 들 것이다. 인간의 삶도 다르지 않다. 아침에 출근해서 그냥 열심히 일만 한다. 휴대폰을 사용하고 컴퓨터를 사용하고 자동차를 타고 출퇴근하고 우아하게 산다고 그들과 다를 바 없다.

행복을 최고 목표로 두고 사는 사람들은 악착같이 돈을 벌려고 하고 꼭 성공하기를 바란다. 행복을 최고 목표로 두는 것은 잘못된 삶이 아닌가. 물론 돈 벌지 말라는 이야기는 아니다. 일하지 말라는 이야기도 아니다.

삶의 목적과 방향과 순서를 바꿔야 한다. 성공을 제일 목표에서 두 번째로 낮추고. 지천명을 아는 것을 1순위로 올려야 한다. 그런다고 결혼도 하지 않고 돈도 벌지 말라는 이야기는 아니다. 순서만 바꿨을 뿐이다.

그래야 성공이나 실패를 해도 큰 좌절을 하지 않는다. 인생에서 최고의 목표가 그것이 아니기 때문이다. 그러면 더 열심히 살게 되고 실패해도 좌절하지 않고 실연을 당해도 상처를 덜 입게 된다.

성공에 실패해도 실연의 상처도 쉽게 털게 되고 그 원인을 파악할 수도 있고 다시 재개할 수 있는 기회도 얻을 수 있다. 살아가는 방식에 여러 가지 방향성을 가진다. 한 가지의 인생에 올인하지 않아도 된다. 최고 목표가 정해져 있기 때문에 그것을 위해서 여러 가지 일을 할 뿐이라고 생각한다. 그 최고 목표만 바뀌지 않으면 된다.

또 어떤 분들은 무병장수를 최고의 목표로 삼고 열심히 운동하고 종교활동을 하면서 사시는 분들이 많다. 오래 살아야 하는 이유 중에 하나가 깨달음을 얻기 위해서이다.

종교와 신을 위해서 일생을 바치는 분들도 또한 많이 계신다. 신의 존재 여부는 종종 철학적인 논쟁의 주제가 되곤 한다. 신의 존재에 대한 확실한 증거는 없지만, 신을 믿는 사람들은 다양한 이유로 그 존재를 믿고 있다.

한편으로는 종교적인 믿음과 철학적인 고찰 그리고 신비로운 경험 등이 신의 존재를 믿게 만드는 원동력이 될 수 있다. 그러나 믿음은 개인의 주관적인 경험과 신념에 근거하기 때문에 이에 대해 객관적인 답을 제시하기는 어렵다. 신의 존재 여부는 개인의 신념과 철학에 따라 다를 수 있다. 신을 믿지 않는 사람들도 다양한 이유와 배경을 가지고 있을 것으로 생각한다. 사람들은 다양한 종교, 철학, 문화적 배경을 가지고 있기 때문에 신을 믿지 않는 선택을 하는 것은 개인의 자유로운 의사결정이다.

나는 모든 사람이 자신의 신념과 생각을 존중받고, 자유롭게 표현할 수 있는 사회가 이상적이라고 생각한다. 신을 믿지 않는 사람들의 천대하고 미개인으로 보는 종교인도 있지만 존중하는 것은 상호간의 대화와 이해를 도모할 수 있는 기반을 마련하는 것이라고 생각한다. 상호 존중과 이해를 바탕으로 서로 다른 시선을 공유하고 대화할 수 있다면, 더욱 풍부하고 평화로운 사회를 만들어 나갈 수 있을 것이다.

또, 나이 드신 분들은 남은 생을 자기를 위해서 즐겁게 사는 것을 목표로 삼은 분들이 많다. 여태 자식들 키우며 힘들게 살아 왔는데 남은 인생 즐겁게 사는 게 잘못인가 하시는 분들이 많이 있다. 지금까지 방향도 못 잡고 살아 왔는데 남은 시간도 허비할 것이 아니라 의미 있게 살아 보기를 바란다. 노느니 염불 외운다고.

그렇지 않고 세상에 쓰레기나 남기며 살 순 없잖아요,

죽어서도 산에 볼록하게 쓰레기를 남겨 놓고 갈 수 없잖아요.

제3의 눈을 떠야 하는 이유

많은 사람들이 현대 세상이 살기 힘든 세상이라고 느끼고 있다. 이유는 다양하겠지만 경제적인 어려움, 사회적인 압박, 정신적인 스트레스, 환경 문제 등이 그 원인으로 꼽힌다. 하지만 살기 힘든 세상에서도 긍정적인 변화와 대처 방법을 찾을 수 있다.

우선 이 세상에서 자기 삶의 상황을 명확히 아는 것이 중요하다. 무엇을 먹고 사는지 어떤 가치를 추구하고 왜 살아야 하는지 알아야 삶의 방향성을 찾을 수 있다. 또한, 현실적인 목표를 설정하고 그에 따라 계획을 세우는 것도 도움이 된다.

그다음으로 중요한 것은 이 한 세상을 어떻게 지혜롭게 그리고 재미나게 살 것인가 하는 것이 중요하다. 스트레스를 푸는 방법이나 취미 생활을 찾아보고, 몸과 마음의 건강을 유지하는 것이 필요하다. 정기적인 운동, 충분한 휴식과 수면, 영양가 있는 식사 등이 중요하다. 이러한 습관을 가지면 삶의 힘든 순간에도 더 잘 대처할 수 있다.

그리고 사회적인 관계를 형성하고 유지하는 것도 중요하다. 가족, 친구, 동료들과의 소통과 교류를 통해 서로에게 지지를 얻을 수 있다. 또한, 다른 사람들을 도울 수 있는 기회를 찾아보고 봉사 활동이나 사회적인 참여를 통해 자신의 가치를 실현할 수 있다.

마지막으로, 긍정적인 마음가짐을 유지하는 것이 중요하다. 문제와 어려움을 부정적으로 바라보는 것보다 긍정적인 시각을 가지고 문제에 대처하면 더 나은 결과를 얻을 수 있다. 자신의 강점과 장점을 인정하고 자신에게 긍정적인 말을 건네는 것도 중요하다.

살기 힘든 세상일지라도 위의 방법들을 실천하면 삶의 질을 향상시킬 수 있다. 어려움을 극복하고 변화를 이끌어 가는 것은 쉽지 않겠지만, 자신을 믿고 노력한다면 더 나은 미래를 향해 나아갈 수 있을 것이다.

이 눈을 떠야 하는 이유는 눈을 떴을 때 모든 생활이 바뀌기 때문이다. 이 눈을 뜬 현자는 행복을 추구하지 않는다. 한때 행복지수가 높은 부탄이라는 나라에서는 한 가지 소원이 있다고 한다. 나는 절대 부자가 되지 않겠다고 하는 소원이 있다고 한다. 보통 사람들에게는 미친 소리처럼 들릴 수도 있다.

행복한 것은 돈이 많아도 행복하지만 돈이 없어도 행복할 수도 있다. 푸른 하늘을 볼 수 있는 눈이 있어 행복하고, 아름다운 음악을 들을 수 있는 귀가 있어 행복하고, 좋은 음식을 먹을 수 있는 입이 있어 행복하고, 좋은 곳을 갈 수 있는 두 다리가 있어 행복하고, 돈이 있으니 좋은 영화도 볼 수 있어 행복하고, 병이 없어 고통스럽지 않으니 이것이 최고의 행복이 아니겠는가. 이보다 더 한 행복이 또 필요한가.

어떤 드라마에서 나는 초등학교밖에 못 나왔지만 살아가는 데 아무 지장이 없더라. 그딴 학력이 뭐 필요하냐 하면서 불평을 늘어놓는 장면을 보았다. 물론 살아 가는 데 큰 지장이 큰 지장이 있는 것은 아니다.

인간은 자기 눈높이만큼만 세상을 본다. 그 높이에서 보는 세상이 전부인 줄 알고 살지만 그 위에서 보는 사람은 한심할 뿐이다. 초등학생은 이 세상을 다 안다고 떠들고 고등학생은 세상을 다 보았다고 떠들어댄다. 고등학생이 초등학생을 보면 우습고 고등학생을 대학생이 보면 우습고 대학생은 대학원생이 보면 우습다. 이 눈을 뜬 사람은 이 세상 모든 게 우습다. 돈 많은 자들은 자기가 잘나서 부자가 된 줄 알고, 출세한 자들은 자기가 잘나서 출세한 줄 알고 이렇게 거들먹거리면서 없는 자들을 무시하면서 살아가고 있다.

자기 딴에는 모두가 자기는 똑똑하다고 믿고 있더라.세상물정을 좀 알고 법을 좀 안다고 정말 똑똑하다고 믿고 있다. 걸핏하면 변상을 요구하고 소송을 남발하고 정보가 좀 빠르다고 똑똑한 줄 아는 사람이 많다 보니 복잡하게 돌아간다.

요즘 세상에 모르면 네이버님이나 유튜브에 모든 것이 나오는 데 똑똑하다고 말할 수 있나. 정말로 똑똑한 사람은 자기가 사는 이 세상이 어떤 세상인지 아는 사람이다. 이 세상이 어떤 세상인지 상황 파악을 잘하는 자가 똑똑한 자가 아닌가 하는 생각이 든다.

이것을 아시는 분은 절대 거들먹거리지 않고 겸손을 안다.

슬기로운 감방생활

이왕이면 이 세상에 왔으면 슬기롭게 살아야 한다.

재미있고 유익하게 살려면 우선 이 감방의 속성부터 알아야 한다. 어떤 이는 이 세상에 좋은 사람이 많다는 둥, 사기를 당해 본 사람은 이 세상에 나쁜 놈이 많다는 둥, 설왕설래하는 이야기를 많이 듣는다. 결론부터 말하면 좋은 사람 반이요, 나쁜 놈 반이다.

일 년 중엔 낮이 반이요, 어둠이 반이다. 이 세상엔 남자가 반이요, 여자가 반이다. 더 정확히 말하면 정확하게 딱 절반은 아니다. 여자가 약 60% 많게는 70%로 더 많다. 아마 이것은 종족이 멸종되는 것을 방지하기 위한 하나의 배려인지 모르겠다. 모든 생물의 암컷이 좀 더 많은 것은 사실이다. 그래서 어떤 나라에서는 일부다처제가 유지되고 우리나라에 옛부터 첩이 많은 것도 어쩌면 이러한 이유 때문인지도 모른다.

그렇다면 좋은 놈은 얼마일까. 좋은 놈도 사실 60%로 좀 더 많다. 여기서 식량 창고에 식량이 넉넉하거나 돈이 통장에 넉넉하면 약 70%로 많아진다. 거기에다 교육을 받으면 90%로 껑충 뛰어 오른다. 또 생활 환경이 좋아지면 98%로 올라간다.

아무리 좋은 세상이 와도 1%는 못된 놈이 존재한다. 우리가 어떤 조직이나 직장 생활에서 항상 보기 싫은 놈이 한두 놈 존재하는 이유가 바로 그런 것이다. 그러면 1%에 해당되는 이런 자들이 없어지면 좋은 세상이 되겠네 하는 생각이 들 것이다.

　1%에 해당되는 놈이 없어지면 처음 얼마간은 참 좋더라. 그런데 얼마 안 있어 곧 옆에 멀쩡한 놈이 또 또라이 짓을 하면서 나타난다. 그러니까 이것을 보고 MZ 세대들은 "지랄 보존의 법칙"이라고 하던데 맞는 말인 것 같다. 그 나쁜 놈 1%가 항상 존재하니, 미워할 필요는 없는 것이다.

　미꾸라지 한 마리가 웅덩이 물을 흐린다는 말이 있지만 그 미꾸라지가 없으면 그 웅덩이 물은 그대로 썩어 버린다.

섞어놓은 세상

98%로 좋은 놈이 있는 곳은 우리나라의 경우이다.

그래도 이 세상 전체를 통틀어보면 좋은 놈이 반이고 나쁜 놈이 반이다. 그러면 좋은 놈을 위하여 격리해야 하지 않을까. 동그란 원 안에 가운데 선을 그어 왼쪽은 나쁜 놈이 살고 오른쪽은 좋은 놈들을 모아 놓고 살도록 한다. 그렇게 선한 사람들 보호하면 되겠네. 그리고 자기 자신은 항상 좋은 놈이라고 생각한다.

그래서 오른쪽 칸에 집어넣어 주면 거기에 항상 있어야 할 놈이 수시로 왼쪽으로 건너온다는 것이다. 그리고 왼쪽에 있는 나쁜 놈도 가끔씩은 오른쪽으로 건너간다는 것이다.

또 여자들은 왼쪽에 남자들은 오른쪽에 갈라놓아야 하나. 어둠은 왼쪽에 양지는 오른쪽에 딱 나누어 놓으면 좋겠네. 그러면 좋은 사람이

잘 살 수 있지 않을까. 과연 그렇게 될까? 좋은 사람만 있으면 세상이 잘 돌아 갈 것 같지만 그대로 썩어 버린다. 여자와 남자는 따로 모아 놓으면 멸종이 올 것이고, 어둠과 빛이 따로 있어도 한쪽은 불바다가 되고 한쪽은 얼음 바다가 될 것이다.

이렇게 음양의 이론을 쉽게 설명해 보았다. 음양의 원리는 동양 철학과 종교에서 특히 도교에서 매우 중요한 이론으로 다루어지는데, 이는 세상의 균형과 조화를 설명하기 위해 사용된다. 음양은 상대적인 이중성을 나타내며, 모든 것들이 음과 양의 상호작용을 통해 균형을 이루고 있다고 설명한다.

음(陰)은 어두움, 멈춤, 부정, 내향성, 수동성 등의 속성을 가지고 있다. 이해하기 쉽도록 설명하면, 밤, 달, 여성, 휴식, 수면 등이 음의 속성을 나타낸다. 음은 현실에서 우리가 흔히 생각하는 부정적인 개념으로 이해될 수도 있지만, 음은 균형을 이루기 위해 없으면 안 되는 반드시 필요한 요소이기도 하다.

반면 양(陽)은 밝음, 생성, 긍정, 외향성, 활동성 등의 속성을 가지고 있다. 태양, 낮, 남성, 활동, 경쟁 등이 양의 속성을 나타낸다. 양은 활동적이고 긍정적인 개념으로 이해되며, 음과 함께 조화를 이루어 세상과 우주의 균형을 유지한다.

음양은 상호 보완적인 관계를 갖고 있으며, 양이 높아지면 음이 생기고, 음이 높아지면 양이 생기는 식으로 상호 변화하며 균형을 유지한다. 이를 통해 음양은 우주의 모든 현상과 사물의 움직임을 설명하고 예측하기 위한 도구로 사용된다.

이는 우리의 삶과 세계를 이해하고 조화롭게 살아가는 데에 도움을 주는 가치 있는 개념이다. 음양의 균형을 유지하고 조화로운 삶을 추구하는 것이 중요하다고 여겨진다. 그럼 어떻게 해야 조화를 이루며 잘 돌아갈까. 바로 모든 것이 분리되어 있는 것을 섞어 놓아야 한다. 세상에 성자와 범부 중생이 함께 있어야 하듯이 섞여야 한다.

여자와 남자도 함께 섞여 있어야 하고, 밤과 낮도 교대로 비추어야 한다. 함께 있어야 하듯이 섞여야 한다. 여자와 남자도 함께 섞여 있어야 하고. 밤과 낮도 교대로 비추어야 한다.

위에 있는 것은 밑으로 내려와야 하고 밑에 있는 것은 위로 올라가야 한다. 이렇게 빙글빙글 돌려서 골고루 섞어야 한다, 어디서 많이 본 그림이다.

그렇다. 음양오행을 뜻하는 바로 우리의 국기 태극기이다. 선과 악은 항상 같이 존재할 수 없다고 하시는 분이 많이 있다. 인간은 항상 자기가 속한 곳이 선이라고 생각한다.

우리나라는 민주국가이니까 선이고 북한은 공산국가이기 때문에 악이라고 하고 북한은 자기들이 선이고 남한은 제국주의에 의해 썩은 자본주의 세상이라서 악이라고 한다. 나를 빨갱이라고 안 했으면 좋겠다.

양지가 있으면 음지가 생기게 마련이고 여자가 있으면 남자가 있기 마련이다. 선이 있으면 악이 있는 것이다. 굳이 악을 없애고 싶다면 선을 먼저 없애면 된다. 여자를 없애고 싶으며 남자를 없애면 되고, 남자를 없애고 싶으면 여자를 없애면 된다. 음지를 없애고 싶으면 양지를 없애면 된다. 그러면 이 지구는 구슬처럼 매끈한 음지가 없는 세상이 된다. 그런 지구에서 우리가 살 수 있을까? 우리는 음지의 고마움을 모르면 안 된다.

인간의 모순은 인간 본성에 내재한 복잡성과 모순적인 성격을 나타낸다. 우리는 종종 이성과 감정, 이상과 현실, 자유와 책임 등의 상충하는 가치와 욕구를 가지고 있다. 이러한 모순은 우리의 행동과 사고에 영향을 미치며, 때로는 어려움을 겪게 할 수도 있다.

그러니까, 우리는 건강을 중요시하면서도 매연이 가득한 도심에서 살고 있듯이 매일 먹는 음식이나 운동에 신경 쓰지 않을 수도 있다. 우리는 친환경을 지키고자 하지만 편리한 소비와 플라스틱 사용을 계속하곤 한다. 또한 우리는 자유와 독립을 추구하지만 사회적 약속과 규칙에 따라 어긋나는 행동을 하는 경우도 있다.

인간의 모순은 단순히 모순적인 행동을 비판하거나 비난하기 위한 것이 아니다. 우리는 이러한 모순을 이해하고 받아들이며, 서로 다른 방식와 욕구를 조화롭게 조율하는 방법을 모색해야 한다. 이를 통해 우리는 개인의 성장과 사회의 발전을 이룰 수 있을 것이다. 간혹 부자들이나 출세한 사람들은 자기가 정말 잘나서 부자가 된 줄 알고 있는 사람들이 많다. 이 세상은 제로섬 사회다.

음양의 원리는 모든 것이 상대적인 이중성을 가지고 있다는 개념을 말한다. 낮과 밤, 선과 악, 남성과 여성, 부와 가난 등 모든 것들은 음과 양의 상호작용을 통해 균형을 이루고 있다. 음양은 상호 보완적인 관계를 갖고 있으며, 서로를 이해하고 조화롭게 유지함으로써 세상의 균형을 유지하는 것이 원리이다. 균형도 계속해서 유지되는 법은 없다. 어느 정도 지나면 순리를 거스르려는 힘이 나타난다.

정반합의 철학은 현대 사회에도 여러 가지 영향을 미치고 있다. 먼저, 정반합은 상호 의존적인 관계를 강조하므로 이를 통해 사회적인 연결과 상호 협력의 중요성을 강조한다. 현대 사회에서는 다양한 문제와 과제가 존재하는데, 이를 해결하기 위해서는 개인과 집단, 다른 문화와의 관계에서 상호 의존성을 이해하고 존중하는 것이 필요하다. 정반합의 철학은 다양성과 조화로운 공존을 중요시하여 사회적인 연결과 협력을 촉진하는 역할을 한다.

또한, 정반합은 상충하는 개념들 간의 균형과 조화를 추구한다. 이는 현대 사회에서 극단적인 입장이 강조되는 경향에 대한 반성을 일으킬 수 있다. 예를 들어, 이성과 감성, 경제적 가치와 환경 보호, 개인의 자유와 사회적 책임 등은 상충하는 개념들이지만, 이를 상호 보완적으로 바라보고 균형을 찾는 것이 중요하다. 이러한 접근은 현대 사회의 다양한 분야에서 갈등 해결과 조화로운 발전을 도모할 수 있다.

그리고 정반합의 철학은 개인의 내면적인 성장과 균형에도 영향을 미친다. 현대 사회에서는 스트레스와 갈등이 증가하고 개인의 삶의 질에 영향을 주는 요소들이 많이 존재한다. 이에 정반합의 철학은 내면적인 조화와 균형을 추구함으로써 개인의 심리적 안정과 성장을 도모할 수 있다. 명상, 요가, 태극문화 등 정반합의 원리를 적용한 실천적인 방법들이 현대 사회에서 인기를 얻고 있다.

이처럼, 정반합의 철학은 현대 사회에서 상호 의존성, 다양성과 조화로운 공존, 균형과 조화를 추구하는 가치를 강조하여 사회적인 연결과 협력, 갈등 해결, 개인의 내면적인 성장과 안정을 촉진하는 영향을 미치고 있다.

양(陽)과 음(陰)의 상호작용을 의미한다. 양과 음은 서로 대립하지만 동시에 상호보완하고 조화를 이루는 관계로 이해된다. 정(正)은 양의 측면을 나타내며, 반(反)은 음의 측면을 나타내고, 합(合)은 양과 음이 결합하여 조화를 이루는 것을 의미한다.

정반합 철학은 자연, 인간, 세계 등 다양한 영역에 적용되는 철학적인 개념이며, 두 가지 상반된 개념이 상호보완하며 하나의 전체를 이루는 것을 강조한다. 이를 통해 균형과 조화를 추구하며, 모순과 극단을 피하려는 철학적인 입장을 나타낸다.

정반합 철학은 서양철학이었으나 동양의 여러 사상에서도 찾아볼 수 있다. 유교, 도교, 불교, 태극도 등에서 그 흔적을 찾아볼 수 있다. 이러한 철학적인 개념은 인간의 삶과 사회, 자연 등 다양한 영역에서 균형과 조화를 추구하는 데 도움을 줄 수 있다.

연꽃은 진흙탕에서 피어난다

진흙탕에서 연꽃이 핀다는 것은 참으로 아름다운 광경이다. 연꽃은 주로 진흙탕물 속에서 자란다. 진흙탕은 물이 모이는 곳이기 때문에 연꽃이 피는 자연스러운 곳이라고 할 수 있다. 연꽃이 수많은 사람들에게 사랑을 받는 이유는 썩은 진흙탕에서 아름다운 꽃을 피우기 때문이기도 하지만, 무엇보다 썩어 빠진 세상에 오염되지 않고 예쁜 꽃을 피우기 때문이다. 그래서 많은 곳에서 연꽃을 감상할 수 있는 정원이나 공원이 마련되어 있다.

연꽃은 아름다움뿐만 아니라 독특한 생태도 가지고 있어서 자연을 사랑하는 사람들에게 큰 인기를 끌고 있다. 연꽃을 보면 마음이 편안해지고 여유로워지는 기분을 느낄 수 있다. 진흙탕에서 연꽃이 피는 광경을 보러 가 보는 것도 힐링이 될 것 같다.

연꽃을 깨달음에 비유하기 위해서 종종 쓰이는 꽃이다. 연꽃은 깨달음에 비유되고 대중은 진흙으로 비유되기도 한다. 대중 속에서 진리를 찾는 것은 종종 도전적인 과제일 수 있다. 과제가 아니라 대중속이 아니면 찾기 힘들다고 봐야 한다. 그래서 깨달음 얻기 위해 산으로 가는 것은 어불성설이다.

대중 속에서는 다양한 의견과 정보가 존재한다. 대중이 교육의 장이

며 대중이 정보이니 수집하고, 다양한 시각으로 비교해 보는 것이 중요하다. 대중 속에서 이 눈을 뜨는 이유에는 다양한 요인들이 있다.

대중 속의 사람들은 다양한 지식과 경험을 제공한다. 이들의 다양한 학습은 새로운 지혜와 관점을 공유하고 깨달음을 얻을 수 있는 기회를 제공한다. 대중은 사회적인 교육의 장이며 훌륭한 교과서로서, 사람들 간의 상호작용과 교류가 이루어진다. 이런 상호작용과 교류를 통해 서로의 생각과 의견을 공유하고 조화롭게 화합할 수 있으며, 이는 깨달음을 도출하는 데 도움을 줄 수 있다.

대중 속에서는 독서, 미디어, 인터넷 등을 통해 새로운 아이디어와 개념에 노출되며, 이는 이 눈을 뜨는 기회를 제공한다. 문학, 예술, 음악, 영화 등의 작품들은 우리의 감정과 생각에 다양한 영감을 주고 깨달음을 이끌어 낼 수 있다. 대중 속에서는 사회적 변화와 다양한 이슈들이 논의된다. 이를 통해 문제에 대한 인식과 이해가 높아지고, 새로운 아이디어와 해결책을 발견할 수 있으며, 이는 깨달음을 얻는 데 도움을 줄 수 있다.

하지만 이 눈을 뜨는 것은 개인의 경험과 인지력에 따라 다를 수 있으며, 대중 속에서 깨달음을 얻기 위해서는 개인의 호기심과 개방적인 태도, 그리고 꾸준한 학습과 성장이 필요할 수 있다.

어느 부자동네에 갔다가 웃지 못 할 광경을 보고 말았다. 고급 아파트에 사시는 분들이 옆에 사는 서민들과 어울리지 않으려고 높은 담을 쌓아 놓은 것이다. 또 차량이 들어오지 못하도록 바리케이드를 쳐놓고 또 인도에는 문을 설치하여 비밀번호가 설치된 잠금장치를 하고 틀어막고 사는 것을 보았다. 참 웃지 않을 수가 없었다.

연꽃은 썩은 진흙탕에서 핀다고 했다. 토질이 좋은 땅에서는 잡초만 무성하게 자랄 것이다. 진흙탕에서 연꽃이 피는 것이 아니라 진흙탕이 연꽃을 피운다고 스승님이 말씀하셨다. 천박함에서 고귀함이 싹이 튼다. 저잣거리에서 성자가 나오고 난세에 영웅이 나오는 법이다. 온갖 풍파를 겪으며 살아 온 자가 눈을 뜨지만 우물 속에서 눈을 뜰 수 없다.

우물에서 기어올라 온 개구리만이 바깥세상을 보게 된다. 나오지 않더라도 제발 한 번이라도 머리를 내밀어 밖을 보라는 것이다. 이 넓디넓은 세상을 보기라도 하란 것이다.

이 눈을 뜨지도 않은 분이 산으로 가는 것도 추천하지 않는다.

이 눈을 뜨고 지혜를 얻기 위해서 산으로 가는 것은 마땅하다고 본다.

먹거리를 주의하라

수행자나 이 눈을 뜨기를 원하는 사람이라면 절대로 음식을 가려서 먹어야 한다. 패스트푸드를 피하는 것은 건강에 좋은 선택이다. 패스트푸드는 종종 지방, 소금, 설탕이 과하게 들어 있는 고열량 음식이기 때문에 지나치게 섭취하면 비만, 고혈압, 당뇨병 등의 건강 문제의 원인이 될 수 있다. 또한 패스트푸드는 거의 가공 식품이기 때문에 영양가가 부족할 수 있다.

그렇다고 해서 완전히 패스트푸드를 피해야 하는 것은 아니다. 가끔씩 소량으로 즐기는 것은 괜찮지만, 일상적으로 패스트푸드를 섭취하는 것은 건강에 좋지 않다. 대신에 신선한 과일과 채소, 고기나 생선 등 영양가가 풍부한 식품을 섭취하는 것이 좋다. 또한 집에서 직접 요리를 해 먹는 것도 건강에 도움이 될 수 있다.

패스트푸드를 피하고 건강한 식습관을 유지하는 것이 중요하니, 다양한 식재료를 활용한 식사를 계획하고 식단을 다양하게 구성하는 것을 추천한다. 건강한 몸과 마음을 위해 식사에 신경 쓰고 균형 잡힌 식습관을 유지하자.

나는 아무거나 먹고 그냥 살다 죽을래 하는 분은 그냥 그렇게 죽도록 놔둬야 한다. 부처님도 인연이 닿지 않는 사람은 구제해 줄 수 없다고 했다. 특히 아질산나트륨이 들어있는 식품은 피해야 한다. ○, ○세지 ○포에는 아질산나트륨이 들어간다. 특히 ○면은 피하시는 것이 좋다. 탄수화물이 많은 음식도 줄여야 한다. 흰 음식, 밀가루, 쌀 음식 같은 것은 안 먹을 수는 없지만 먹더라도 반으로 줄여야 한다.

그 유명한 이야기가 있지 않나. 탄수화물을 좋아하는, 고개를 넘어갈 때마다 "떡 하나 주면 안 잡아먹지!" 하는 그 호랑이 이야기 말이다. 그 호랑이가 결국 고기는 안 먹고 탄수화물만 먹다가 당뇨로 죽었다고 했다. 미운 놈 떡 하나 더 주라는 것도 빨리 당뇨로 죽으라는 뜻인 것이다.

특히 치아에 좋다고 불소가 첨가된 치약이나 음료수는 피하는 것이 좋다. 온 세상에 불소가 치아에 좋다고 소문을 퍼뜨려 놓고 이제 안 쓸 수 없도록 만들어 놓았다. 이제 그것이 진리인 것이 되어 버렸다. 불소를 과다 섭취하게 되면 송과체가 석회화 되어 눈을 뜰 수가 없게 된다.

불소는 2차 세계대전 때 유대인 수용소에 독일군이 유대인들의 영성을 죽이려고 식수에 집어넣은 독극물이다. 물론 생명에는 지장이 없지만 송과체를 석회화하는 데는 지대한 역할을 하는 것이다. 그리고 식품 첨가물이나 인공조미료 많이 들어간 음식은 되도록이면 피하고 신선한 과일과 야채를 많이 먹기를 권한다. 단백질도 꼭 필요한 음식이나 건강한 방법으로 먹기를 권한다. 구워 먹는 것보다 삶아서 먹는 것이 좋다.

마약성 물질과 담배를 삼가라

담배는 무조건 끊어야 한다. 담배를 피우는 것은 건강에도 매우 해로운 습관이다. 담배는 다양하고 심각한 질병과 건강 문제를 유발할 수 있으며, 흡연자와 주변 사람들에게도 해를 끼칠 수 있다.

담배를 피우는 습관을 지금도 가지고 계시다면, 가능한 한 빨리 담배를 끊는 것이 가장 좋다. 담배를 피우는 습관을 고치고 건강한 삶을 즐기는 것은 매우 중요하다. 담배를 끊는 것은 쉽지 않을 수 있지만, 의지와 결심을 가지고 도전해 보자. 도움을 주는 전문가나 담배를 끊는 프로그램을 찾는 것도 도움이 될 수 있다.

담배를 피우지 않으면 건강상의 이점뿐만 아니라 금전적인 이점도 얻을 수 있다. 또한 주변 사람들과의 관계도 좋아질 수 있고, 환경오염을 줄이는 데도 기여할 수 있다. 담배를 피우지 않는 것은 건강과 행복을 추구하는 하나의 장정이다. 바로 담배를 피우지 않겠다는 선택을 응원하고, 담배를 피우지 않는 삶을 즐기기를 바란다.

마약성이 있는 약도 먹지 않는 것이 좋다. 한국 사람들은 약간만 아프면 병원을 제집 드나들 듯 드나든다. 그리고 약을 먹곤 한다. 특히 감기약은 더더욱 그렇다. 술 담배 그런 것도 조심해야 되지만 약도 그런 종류 중에 하나이다. 여기도 먹지 말아야 할 성분들이 많다. 특히 뇌에 안 좋은 성분들이 있다. 잘 모르면 종류 여하를 막론하고 안 먹는 것이 좋다.

감기가 만병의 원인이라고 만 천하에 떠들어댄 의사가 있었다. 한때 우리나라에 방송국이 3개만 있을 때 어떤 의사가 나와서 한 말이 있다. 감기가 만병의 원인이라고 떠들어 버린 것이다. 그 말은 곧 전 국민을 세뇌시켰다.

감기 때문에 사람이 온갖 병이 될 수 있다고 떠들어댄 것이다. 그 말 한마디에 한국 사람들은 기침 한 번만 해도 병원으로 달려가게 되어 버렸다. 참으로 인간은 세뇌시키기 나름이다. 약은 최후의 수단으로 먹는 것이다. 기침만 한 번 콜록 해도 병원에 달려가서 약을 타먹는 한국 사람들의 문화는 참으로 바꿔야 한다. 감기 때문에 병원 가는 나라는 세계에 우리나라밖에 없다. 나는 30년째 감기약을 먹지 않고 있다.

감기는 걸리면 일주일이면 낫는다는 그 말은 사실이다. 3일째가 제일 고비이다. 4일째가 되면 거의 낫는다. 보통 사람들은 3일째가 되면 거의 약을 먹는데 4일째부터 낫는 것은 아마 그 약 덕분이라고 생각을 하더라. 모든 병은 3~4일이면 거의 다 낫는다.

3~4일이 지나도 낫지 않는 병은 빨리 병원에 가야 한다. 그것은 자기 운명을 바꾸는 큰 병인 것이다. 그때 가도 늦지 않다. 급성 뇌졸중이나 심근경색 같은 시간을 다투는 병은 지체 없이 가야 한다.

약물 남용을 예방하기 위해 몇 가지 중요한 방법들이 있다. 약물에 대한 지식과 그로 인한 위험에 대해 교육을 받고 인식을 함으로써 예방에 큰 도움이 된다. 정확하고 사실적인 정보를 습득하고 약물의 부작용과 위험성을 이해하는 것이 중요하다.

건강한 생활습관을 유지하는 것이 약물 남용을 예방하는 데 도움이 된다. 충분한 수면, 규칙적인 운동, 영양가 있는 식단을 유지하고 스트레스 관리를 하는 등 건강한 삶의 습관은 신체와 정신 건강을 지키는 데 도움이 된다.

가족, 친구, 지역사회와의 연결은 약물 남용을 예방하는 데 중요하다. 건강한 대인관계를 유지하고 사회적인 지지를 받으면 스트레스를 완화하고 자기 존중감을 높일 수 있다.

약물 남용이 일어날 수 있는 위험한 상황을 회피하는 것이 중요하다. 위험한 장소나 상황을 피하고, 동료들과 함께 안전한 환경에서 시간을 보내는 것이 도움이 된다. 약물 남용에 대한 유혹이나 압력에 처했을 때 가족, 친구, 상담사, 전문가 등과 소통하고 도움을 받을 수 있는 네트워크를 구축하는 것이 좋다.

약물 남용 예방은 개인의 노력과 사회적인 지원의 결합으로 이루어진다. 하지만, 만약 이미 약물 남용에 대한 문제가 있다면, 전문가의 도움을 받는 것이 가장 좋다. 상담사나 의료 전문가와 상담하여 적절한 치료와 지원을 받을 수 있다.

약은 질병이나 증상을 치료하거나 예방하기 위해 사용되는 의학적인 처리 방법이다. 하지만 약물에는 부작용이 있을 수 있으며, 모든 상황에 약을 먹는 것이 항상 좋은 선택은 아닐 수 있다. 의사나 약사와 상담하여 약물의 사용에 대한 조언을 받는 것이 중요하다. 약을 처방받은 경우에는 의사의 지시에 따라 정확하게 복용해야 하며, 약물에 대한 이해와 주의사항을 숙지해야 한다.

종교는 하나여야 하는가

여태 살아오면서 정말 마음에 안 드는 말이 두 가지가 있다. 그중 하나가 "꽃길만 걷자."이고, 또 하나는 "종교는 하나만 가져야 한다."이다. 경전에는 그런 말이 적혀 있지 않다. 하지만 먼 옛날에 그런 말을 한 분이 계신다.

종교에 관한 의견은 사람마다 다를 수 있다. 종교의 다양성은 인류의 역사와 문화에 깊은 영향을 미쳤으며, 각자의 신념과 가치 체계를 형성하는 데 큰 역할을 한다. 어떤 사람들은 하나의 종교에 대한 사랑과 신념을 가지고 있고 또 종교에 모든 생을 바치기도 한다. 하지만 또 다른 사람들은 여러 종교적 관점을 수용하거나 종교 없이도 의미 있는 삶을 살아가기도 한다.

나로서는 종교와 인간은 상호작용하며 영향을 주고받는 중요한 관계라고 생각한다. 종교는 인간관계를 형성하고 유지하는 데에 영향을 미칠 수 있으며, 인간관계 역시 종교적인 가치와 원리에 따라 영향을 받을 수 있다.

종교는 종종 공동체를 형성하고 사회적인 관계망을 제공한다. 종교 공동체는 사람들이 서로를 돌보고 지지해 주는 공간을 제공할 수 있으며, 이는 인간관계의 형성과 유지에 긍정적인 영향을 미칠 수 있다. 종교 공동체는 서로를 이해하고 존중하는 가치를 강조하며, 이는 인간관계에서 상호 존중과 배려를 촉진할 수 있다.

그러나 종교와 인간관계는 항상 긍정적인 영향만을 가지는 것은 아니다. 종교는 갈등이나 분쟁의 원인이 될 수도 있고, 종교적인 이념이나 신념에 따라서 서로 다른 인간관계가 형성될 수도 있다. 종교적인 차이로 인한 갈등이나 편견이 발생할 수 있으며, 이는 인간관계의 형성과 유지를 어렵게 할 수도 있다.

따라서 종교와 인간관계는 다양한 영향을 주고받으며, 상황에 따라 다른 모습을 보일 수 있다. 종교는 사람들이 서로를 이해하고 존중하는 데 기여할 수 있으며, 인간관계의 형성과 유지에 도움을 줄 수도 있지만, 종교적인 차이로 인한 갈등으로 전쟁이나 테러가 자행되기도 하며 편견이 발생할 수도 있다. 이러한 점을 고려하여 종교와 인간관계를 이해하고 존중하는 것이 중요하다고 생각한다.

하나의 종교만이 옳은 것인지에 대해서는 다양한 견해가 존재한다. 일부 사람들은 자신의 종교를 절대적인 진리로 여기고 다른 종교를 부정할 수 있지만, 이것은 다른 사람들의 자유로운 종교 선택과 충돌할 수도 있다. 사회적으로 우리는 종교의 다양성을 존중하고 상호간의 이해와 협력을 통해 조화롭게 공존하는 것이 중요하다.

인간은 다양한 이유로 인해 충돌과 갈등을 경험하게 된다. 이 중에서 종교가 큰 비중을 차지하지만 인간은 이를 극복하고 평화롭게 살 수 있는 능력을 가지고 있다. 평화로운 삶을 영위하기 위해서는 상대의 종교를 존중하고 이해하는 노력과 대화 등의 능력이 필요하다.

또한 지구상에 한 생명만이 존재한다면 이 얼마나 끔직한 일인지 생각이나 해 봤는가. 생물의 다양성처럼 종교의 다양성이 있어야 한다.

다른 종교가 있어야 자기의 종교가 우수한지를 알고 공존의 문제를 해결하는 데 비폭력적인 방법을 선택하고, 타인과의 관계에서는 상호 협력과 배려를 지향하는 방법을 찾는 것이다. 이러한 가치와 노력을 바탕으로 인간은 충돌을 최소화하고 평화로운 삶을 추구할 수 있다. 완전히 갈등이 없는 세상을 만들기는 어려울 수 있지만, 우리는 항상 더 나은 해결책을 찾기 위해 노력할 수 있다.

따라서 종교가 하나여야 하는가 하는 질문에 대한 정답은 없지만, 서로 다른 종교와 신념을 존중하고 상호간의 대화와 이해를 통해 조화로운 사회를 만들어 나가는 것이 바람직하다고 생각한다.

종교는 개인의 자유에 따라 선택하는 것이다. 세계에는 다양한 종교와 신념이 존재하며, 사람들은 자신에게 의미 있는 종교나 신념을 선택하곤 한다. 종교를 가지는 것은 개인의 신념체계와 세계관을 형성하는 한 방법이다.

이에 따라 한 사람이 여러 종교를 동시에 믿거나 여러 종교 중 하나를 선택하는 경우도 있을 수 있다. 그러나 종교를 신봉하는 대부분의 사람들은 자기가 믿는 종교의 가르침과 실천을 따르며, 오로지 자기의 종교와 공동체를 형성하여 활동하기도 한다.

결국, 종교는 개인의 신념과 가치관에 영향을 주는 중요한 요소이지만, 이는 개인의 자유로운 선택에 달려 있다. 종교를 하나만 가질 필요는 없으며, 어떤 종교를 따를지 여부는 개인 스스로가 결정하는 것이 가장 중요하다.

그렇다면 반드시 종교는 하나만 가져야 하는가?

왜?

왜?

왜?

왜냐고 물으면 대답하는 것이 인지상정. 포켓몬스터 보고 좀 배우세요. 누가 이런 말을 하였기 때문에 전 세계 사람들이 이 말에 세뇌가 되어 있는 것이다. 왜 종교는 하나만 가져야 하는가? 그때는 맞고 글로벌 시대인 지금은 틀리다. 다양하고 많은 선택권을 이해하는 것은 여러 가지 이유로 중요하다.

다양성은 현실 세계에서 복잡한 문제를 이해하고 해결하는 데 도움을 준다. 세상은 단순히 한 가지만 택하는 구조로 이루어져 있지 않다. 사람의 몸도 여러 가지 영양분을 요구하듯, 마음의 양식에도 다양한 영양분이 필요하다. 그런데도 어리석은 인간들이 꼭 편식을 유도해서 영양실조로 기형의 인간을 만드는 세상을 만들고 말았다. 다양성은 서로를 이해하고 다양한 해결책을 모색할 수 있게 해 준다.

다양성을 이해하는 것은 상호존중과 공감을 이루어 간다. 글로벌 세계에서는 다양한 문화, 인종, 성별, 종교 등 다양한 다원적 측면이 존재한다. 이러한 다원적 측면은 각자의 가치와 관점을 가지고 있으며, 이를 이해하고 수용하는 것은 상호존중과 공감을 형성하는 데 중요한 역할을 한다. 다양성을 이해하고 존중하는 태도는 사회적인 대화와 협력을 원활하게 할 수 있으며, 문화적 다양성을 존중하는 사회를 형성하는 데 도움을 준다.

또한 다양성을 이해하는 것은 개인과 사회의 성장과 내면의 조화를 도모하는 데 도움을 준다. 개인과 사회는 다양한 가치와 욕망을 가지고 있다. 다양성을 이해하고 다양한 이면을 받아들이는 것은 개인의 내면적인 성장과 조화를 추구하는 데 도움을 준다. 갈등과 어려움을 겪을 때도 다양성을 이해하고 균형을 찾는 능력은 개인의 내면적인 안정과 성장을 도모하는 데 도움을 준다.

다양성을 수용하는 방법은 다양하다. 자신의 관점과 가치에만 집중하는 것이 아니라, 다른 사람의 관점을 듣고 이해하려는 노력을 기울여야 한다. 더 넓은 시각으로 문제를 바라보고, 다른 이면을 이해하기 위해 지속적인 학습과 탐구를 추구해야 한다.

자기 자신과의 대화를 통해 내면의 이중성을 탐색하고 이해하는 것이 도움이 된다. 자기 성장을 위해 자신의 가치와 욕망을 정립하고, 이를 탐색하며 동기 부여를 유지해야 한다. 자신의 이면을 받아들이고 균형을 찾기 위해 자기 탐구에 시간과 노력을 투자해야 한다.

다른 사람과의 개방적인 대화를 통해 이중성을 극복할 수 있다. 서로의 관점을 존중하고 이해하며, 상대방의 이면을 들여다보는 노력을 해야 한다. 공감 능력을 기르고, 서로의 다양성을 인정하며 대화를 통해 상호 이해를 도모해야 한다.

상충하는 가치나 이면들을 융합하고 조화롭게 이용할 수 있는 방법을 모색해야 한다. 갈등을 해결하고 조화를 찾기 위해 타협과 협력을 시도해야 한다. 개인적인 욕망과 사회적인 책임, 이성과 감성 등을 조화롭게 조율하는 방법을 찾는 것이 중요하다. 이는 시간과 노력이 필요한 과정이지만, 이를 통해 더 포괄적인 사고와 풍부한 인간관계를 형성할 수 있다.

이처럼 다양한 이중성을 이해하는 것은 복잡한 문제 해결, 상호 이해와 공감, 개인적인 성장과 조화를 촉진하는 데 중요한 역할을 한다. 다양성과 조화로운 공존을 추구하는 현대 사회에서는 이중성을 이해하고 존중하는 태도를 가지는 것이 필요하다.

그 유명한 성직자라는 분이 종교는 하나만 가져야 한다고 말해 버렸다. 이젠 고정관념에서 깨어나자. 신성모독이라고 말하는 자는 세뇌된 자이다. "사람의 마음은 갈대와 같아야지, 고집으로 똘똘 뭉쳐가지고 어디 쓰려고……." 그 말 한마디에 세계 80억 인구 중에 40억 인구가 편협한 인간이 되어 버렸다. 그 편협한 인간이 모여서 지금도 저 중동 어디에서 서로 죽고 죽이는 전쟁을 치르고 있다. 이 죄를 어떻게 씻으려고 하는지 모르겠다.

세계 전쟁의 역사를 보니 그중에 반은 종교와 관련이 되어 있다. 종교는 두 개 이상 정도는 가져도 된다고 본다. 왜 하나만 가져야 하는가?

왜?

왜?

종교를 하나만 가져야 한다고 하니까.

모두 우리 종교가 최고다.

아니다. 우리 신이 최고다.

아니다. 우리를 만든 우리 신이 최고다. 하면서 전쟁의 도가니로 밀어 넣고 있다.

이게 도대체 말이야, 막걸리야?

뭐! 막걸리라고.

그럼 한잔해야지. 안주는 뭐야?

경전을 해석해 보면 90% 이상이 같은 뜻을 지니고 있다. 서로 말만 다르게 표현했을 뿐, 거의 같은 뜻이라는 걸 모르고 서로 싸우고 있는 것이다.

성직자의 말 한마디가 새로운 종교를 만들고, 성직자의 말 한마디가 새로운 종파를 만들어서 세상을 이토록 어지럽게 만든다. 종교서적 하나 달달 외운다고 마치 성자가 된 것처럼 착각하시는 분들이 참 많다. 눈도 뜨지 못한 자는 절대 함부로 말을 해서는 안 될 것이다.

작자는 모르지만 유명한 시도 있다. 사실 누구인지 안다. 눈길도 함부로 앞서 걸어서 발자국을 내지 말라고 했다. 호랑이도 따라 온다고 했다. 눈 먼 장님이 수많은 사람들과 호랑이를 천길 낭떠러지 절벽으로 인도하는 어리석은 일을 또 하고 있다.

여기서 이러시면 안 됩니다. 우리나라에 호랑이가 이렇게 멸종되는 것을 보고도 그러시면 안 돼요. 우리나라 호랑이는 먼 옛날부터 담배를 피워도 너무 피웠어. 담배 안 피우는 호랑이가 없었습니다. 담배 때문에 그렇게 많은 호랑이들이 죽었습니다.

그러다가 또 떡을 너무 좋아하는 호랑이들은 고개마다 기다렸다가 떡을 뺏어 먹다가 당뇨로 많이 죽었습니다. 이번에는 인간들이 길을 잘못 가르쳐 줘서 절벽에서 떨어져 다 죽었습니다. 이렇게 우리나라 호랑이는 멸종을 했습니다. 먼 옛날 호랑이가 담배를 피우던 그때부터 우리나라는 금연운동을 했었어야 했습니다.

처녀 호랑이부터 총각 호랑이까지 전부 담배를 입에 물고 산으로 돌아다니다가 산불을 내고 난리를 쳤습니다. 그러다가 또 실수를 해서는 자기 털을 홀라당 태워 먹고는 부끄러운 줄도 모르고 나체로 활보하고 다녀요. 민망스럽고 창피해서 볼 수가 없어.

팬티라도 입고 다니라고 했더니 "어흥!" 성질머리하고는……. 동방예의지국에서 이게 무슨 짓인지.

슬기로운 감방 생활 2

　우리가 속한 인간세상은 다양한 속성을 가지고 있다. 우선 인간은 학습하고 지식을 습득할 수 있는 높은 지적 능력을 가지고 있다. 이를 통해 문제 해결, 의사소통 등 다양한 활동을 수행할 수 있다.
　인간은 다양한 감정을 가지고 있다. 기쁨, 슬픔, 분노, 놀라움 등 다양한 감정은 우리의 삶에 다양한 색채를 더해 준다. 인간은 도덕적인 판단력도 가지고 있다. 법보다는 윤리적인 가치와 도덕적인 행동 원칙을 따르며, 다른 개체와의 공존을 우하여 상호 존중과 공정성을 중요시한다.
　인간은 사회적 동물이며, 다른 사람들과의 관계를 형성하고 유지한다. 가족, 친구, 동료 등과의 상호작용을 통해 사회적으로 연결되고 소통한다. 우리는 다양한 신체적 특성도 가지고 있다. 이는 인종, 성별, 신체 구조, 외모 등으로 다양성을 나타낸다.
　물론 이 외에도 다양한 속성이 있을 수 있으며, 각각의 개인은 고유한 속성을 가지고 있다. 인간의 다양성과 복잡성은 우리를 독특하고 흥미로운 존재로 만들어 준다.
　이런 환경 속에서 편안한 생활을 즐기려는 생각이 잘못하는 것 아닌가. 꽃길만 걸어서 어찌 형기를 마치고 고향으로 돌아 돌아갈 수 있겠

는가. 꽃길만 걷다 보면 착각하여 돌아갈 생각도 못하고 계속해서 여기에 머물려고 하기 때문이다. 그래서 꽃길이 저주인 것이다. 술술 풀리는 인생은 더욱 더 저주인 것이다.

쓰라린 눈물을 흘려 봐야 떠날 생각을 한다. 실패를 한 번도 한 적이 없다는 것은 아무것도 하지 않았다는 것이다. 가시밭길을 걸을 필요도 없지만 꽃길은 더욱 걸으면 안 된다.

실패를 반겨라. 이것이 인생이다.

시련의 아픔에 시린 가슴을 쥐어뜯듯 아파 본 적이 있는가. 이것도 인생이다.

멸시를 당해 보았는가? 이것도 인생이다.

친구나 지인으로부터 배신당해 보았는가. 그것도 인생이다.

사기를 당해 보았는가. 그것도 인생이다.

눈물 젖은 빵을 먹어 보았는가. 그것도 인생이다.

눈물 젖은 빵은 먹지 마라. 짜서 못 먹는다.

도를 도라 하는 순간 이미 도가 아니오. 인생을 인생이라 하는 순간 이미 인생이 아니고, 꼰대라고 하는 순간 이미 자신이 꼰대인 것을, 그저 살아가라.

그리고 항상 깨어 있으라. 그러면 언젠간 그 눈이 뜨일 것이다.

운명에 인생을 걸지 마라

 운명을 믿어야 하는가. 운명은 사주팔자를 풀이, 해석하여 알아내는 역술이다. 요즘은 타로, 주역, 화투 등 여러 가지 도구를 이용하여 길흉화복을 점을 치곤 한다.
 오랫동안 전해내려 오는 자료를 통합하여 해석한 통계이며 요즘 말로는 빅데이터이다. 그러나 대부분 어느 정도 신빙성을 가지고 있다. 그것이 통계에 의해서 나온 자료이기 때문에 대부분 맞는 경우가 더 많아 사람들이 거기에 빠져드는 것이다. 무속인들은 죽은 아기 귀신이나 신통력 강한 귀신의 힘을 얻어 점을 친다, 하지만 지난 일들은 잘 맞히지만 미래에 다가 올 일들을 맞히기는 상당히 힘들다. 역술은 하늘의 해와 달 또는 목화토금수 오행의 기운을 과학적으로 해석하여 점을 치는 것이다. 따라서 어느 정도 타당성은 있다.
 그러나 인생을 운명에 의지하여 살 필요는 없다. 운명이라는 것은 정치인들이 백성 등을 온순한 백성으로 만들어 역모나 쿠데타가 일어나는 것을 방지하기 위하여 만든 학문이다. 너의 그릇과 운명을 알고 쓸데없는 야망을 품고 나대지 말라고 네 그릇대로 요렇게 살라고 만들어 놓은 철학이다. 그러한 운명을 믿고 전 인생을 거기에 묻고 의지하면서 살 필요는 없다. 현자들도 운명은 믿지 말라고 했다. 노력 여하에 따라서 많은 것이 변화되는 이 세상에서 운명을 믿고 그 길로 만 가려고 하는 것 자체가 올바른 길은 아니다. 그 길로 가려고 태어난 것도 아니지만 그 길로 가서도 안 된다. 자기의 인생을 뻔히 알고 그렇게 살다가 죽을 걸 알면 굳이 살 필요가 없을 것이다. 그렇게 사는 것이 잘 사는 것인지는 모르겠다. 정해진 운명을 알고 그 길로 가면 인생을 살 필요도 없지 않나? 노력 여하에 따라서 얼마든지 바뀔 수 있는 것이 인생사인데 그렇게 살려고 태어난 것은 아니지 않나.

그렇게 살다 보면 깨달음은 물론 지혜도 영원히 얻지 못한다. 이렇게 사는 것은 인간으로서의 삶이 아니다. 기계적인 삶일 뿐이다. 사주를 강의하는 강의실에 가면은 많은 사람들이 몰려와 강의를 듣는 것을 본다. 인간들은 길흉화복에 관심이 많은 것은 사실이지만은 거기에 인생을 걸 필요는 없는 것이다.

그렇게 알아서 살아가는 인생이 무슨 재미가 있다고 그것을 알려고 하는지 모르겠다. 차라리 모르고 살아가는 편이 훨씬 나을 것이다. 모르고 화를 당하는 일이 있어도 차라리 모르는 것이 낫다. 그 화를 당하는 것이 오히려 깨달음에는 더 좋은 일인 것이다. 그것이 인생인 것이다. 운명을 제대로 알지 못해서 돈을 벌지 못하고, 성공할 일을 성공하지 못하고, 피해야 할 화를 피하지 못해도 거기에서 더 배울 것이 있다면 차라리 그 길로 가는 것이 낫다. 그것이 이 눈을 뜨는 하나의 학습인 것이다.

옛날 정치인들이 백성을 다스리기 위해서 만들어 낸 것이 윤리라는 책도 정치인들이 백성들을 온순하게 다루기 위해서 만들어 낸 하나의 사상 교육 지침서에 불과하다. 너의 그릇은 요만하니 요렇게 살라는 그런 뜻인 것이다. 쓸데없는 욕망에 야망을 품지는 말라는 그런 말과 같다. 쿠데타를 일으키지 말라는 뜻이다. 역모를 꾸미지 말라는 그런 메시지가 있는 것이다.

만약 피할 수 없는 운명이 다가온다면, 우리는 새로운 가능성과 기회를 마주하게 될 것이다. 이는 우리에게 더 나은 결과를 가져올 수도 있고, 때로는 도전과 어려움을 초래할 수도 있다. 그러나 우리에게는 이러한 변화에 대처하고 학습할 수 있는 기회가 생기는 것이다.

새로운 운명은 우리에게 더 많은 선택의 폭을 제공할 수 있다. 우리는 이전과는 다른 길을 선택하거나, 새로운 방향으로 나아갈 길이 열릴 수도 있다. 이는 우리에게 성장과 개발의 기회를 제공할 수 있다. 또한 운명의 변경은 우리의 삶에 영향을 미치는 사람들과의 관계에도 영향을 줄 수 있다. 새로운 운명은 우리의 주변 환경과 상호작용하는 방식을 변화시킬 수 있다.

하지만 운명이 바뀌더라도 우리는 여전히 선택과 행동의 주체이며, 그에 따른 책임을 져야 한다. 우리는 새로운 도전을 받아들이고 적극적으로 대응하여 새로운 상황에서 최선을 다해야 한다.

결론적으로, 운명이 다가온다면 우리는 새로운 가능성과 도전을 마주하게 될 것이다. 이는 우리에게 학습과 발전의 기회를 제공할 수 있으며, 우리의 선택과 행동에 따라 어떤 결과를 만들어 낼지는 우리에게 달려 있다.

제3화
꽃이 세상에 방향을 제시하다

지구를 떠나거라

원로 코미디언 김병조 씨가 유행시켰던 말이다.

사람은 죽으면 거의 돌아가셨다고 한다. 망자를 존중해서 하는 말 한 것 같은데 사실은 그것이 아니다. 미운 사람이 죽으면 그냥 "뒈졌다." "졸업했구나." 하지만, 그렇게 미운 사람이 아니라면 보통 망자를 존중해서 돌아가셨다고 말한다. 어디로 돌아갔다는 말인가? 그렇다 실제로 돌아가야 한다.

현대를 사는 사람보다 예전의 우리 조상들 가운데 이 눈을 뜬 분들이 더 많았다. 특히 아메리카 인디언들은 이 눈을 뜬 부족들이 상당히 많았다. 아메리카 인디언들은 공포에 떨게 되는 죽음을 별로 두려워하지 않았다. 아메리카 인디언만큼 세상을 떠나가는 죽음을 의연하게 받아들이는 민족도 잘 없었다. 그것은 현대 사회에서 있을 수 없는 그분들의 뭔 전통 때문에 이 눈을 뜬 사람들이 많았기 때문인 것으로 추정된다.

엄청나게 발전한 현대 사회보다 농경사회에서 이 눈을 뜬 사람들이 많은 것은 아마도 오염된 매연이나 인스턴트식품에 덜 길들여져서 그런 것이 아닐까 하는 생각이 든다. 전쟁이나 굶주림과 고난을 겪어본 사람들은 더 빨리 뜨는 경향이 많다.

남섬주부인 지구는 감옥별이다. 하필이면 요즘 유튜브에서 이 지구를 나와 같이 감옥별이라고 떠드는 분이 있었다. 나는 직장 동료들에게 10년 전부터 귀에 대고 떠들었지만 내 말을 믿는 동료가 없어 안타까웠는데 유튜브에서 지원해 주시는 분이 있어 다행이다. 아비규환과 같은 이 지구를 떠날 수 있으면 얼마나 좋을까? 불행하게도 떠나야 하는 이유를 모른다. 떠나는 방법도 잘 모르고, 여기보다 더 좋은 곳이 있단 걸 모른다. 그것이 제일 큰 문제이다.

여기에 가족이 있고, 친구가 있고, 돈이 있고, 집이 있고, 재산이 있다고, 해서 여기가 좋은 줄 알고가 떠나갈 생각을 못한다. 그래서 옛날에 욕심이 많은 사람이 죽어서 돈에 미련이 남아서 이승을 떠나지 못하고 구렁이로 태어난다고 했는지도 모르겠다. 이 지상에 남아 있는 어떤 것에도 미련 가질 것이 한개도 없다. 훨훨 털고 일어나서 날아갈 수 있어야 한다. 그래서 지구를 떠나는 것이다.

원래 살던 고향으로 저 우주의 서쪽에 있는 아주 아름다운 별로 돌아가야 하는데 안타깝게도 십중팔구 거의 모든 사람들이 돌아가지를 못한다. 돌아가라고 하면은 눈만 깜박깜박 하면서 이런 말을 한다. "니가 가라 하와이." 이러고는 만다.

사실 돌아가는 방법도 잘 모르고 돌아갈 마음도 없다. 설명을 해 줘도 거기에 좋은 것이 있다는 것도 믿지도 않고 그저 그렇게 살려고 한다. 나중에는 만성에 되어 죽음도 두려워하지 않는 상태가 된다.

그래서 지구별에서는 즐거움과 흥미를 즐기면서 공부를 하는 습성을 키워야 하고 무엇보다 괴로움을 겪어 보아야 한다. 자신의 신체가 병들어 봐야 무한한 생명이 없다는 것을 알게 되고 영원한 것은 어떤 것도 존재하지 않는 것을 알게 된다.

이렇게 희노애락을 겪으면서 공부를 공부하다 보면 더욱 풍요로운 경험을 쌓을 수 있을 것이다.

우리는 개, 돼지인가

몇 년 전 교육부의 고위직 공무원이 했던 말이다. 민중은 개, 돼지이다. 인간이라면 이 말을 듣고 기분 나쁘지 않을 리가 없을 것이다. 물론 전 국민이 바로 발끈하고 일어나고 언론도 나서서 그분을 질타하기도 했다.

결국 며칠 뒤 그분은 기자회견장에 나와 사과를 했다. 가슴에 손을 얹고 생각해보면 그 말이 아니라고 부정할 수 없을 것이다. 사실 모습만 인간이지 속은 짐승인 사람이 더러 있다. 인간의 탈을 쓰고 살고 있는 그런 사람이 많다.

10여 년 전에 돼지 축사에 기계를 수리하기 위해서 들어간 일이 있었다. 하필이면 그 시간이 돼지들의 식사 시간이 되었던 것 같았다. 창고 같은 축사 안에 다 큰 돼지 수백 마리가 꿀꿀대면서 우는 소리에 귀고막이 찢어질 듯했다. 그 소음을 아직도 잊을 수가 없다. 대구 시민은 K-2 비행장에서 나오는 전투기 굉음에 익숙해져 있다. 숨도 못 쉴 악취도 견디면서 들어갔는데 그런 대구 시민에게도 소음은 엄청난 고통이었다. 돈 선생님들이 화가 많이 났었던 것 같았다. 빨리 밥을 줘야 했는데 놓쳤던 것 같다.

인간이나 돼지나 다를 바 없다. 배고프면 모두 아우성칠 것이고 삼일 굶어서 남은 물건에 손 안 댈 사람이 없을 것이다. 경기가 나빠지면 정치 못한다고 아우성이고 좋아지면 독일 차 미국 차를 몰면서 없는 자들과는 거리를 두면서 담벼락은 올리고 서민들과 어울리지 않으려고 한다. 백화점이나 들락거리고 고급 식당에 들락거리면서 비싼 집에 사니까 고귀한 존재인 줄 알고 돈이 없는 자들을 멸시를 한다. 여론이 악화되자 공식 석상에서 사과를 하고 돌아서면서도 갈릴레이처럼 말했을 것 같은 느낌이 든다.

역사는 돌고 도는 것. 우리는 수천 년간 이웃나라로부터 침략을 당하면서 살아왔다. 우리나라에 쳐들어 와서는 여자들을 죽이고 겁탈하고 식민지가 되어도 그때뿐이다.

얼마 전 일본에서 고급 기술을 수출하지 않겠다고 수출봉쇄를 했다. 그때 우리는 발끈하고 불매운동을 펼치곤 했었다. 일본 상품을 쓰지 말고 일본 여행도 삼가자 하면서 전국에 대대적인 불매운동이 일어나고 있었다. 그러나 일본인들은 알고 있었다. 3년 정도 지나면 저들은 다 잊는다고 그래서 그러려니 하고 기다리라고 했었다.

사실이었다. 지금은 엔화가 내려가니 너도 나도 일본 여행을 가고 있다. 길거리에는 여기저기서 일본 제품을 쉽게 본다. 입으로는 애국자 같은데 행동은 아닌 것 같다. 그러니 고위직 공무원들이 보기에는 개, 돼지와 같은 행동이었을 것이다. 아니라고 부정할 수 없을 것이다.

공부하러 온 인생

왜 사느냐고 물으면 그냥 웃지 마세요. 공부하러 왔다고 이야기하세요.

왜 말을 못해 공부하러 왔다고. 지구는 거대한 학교라고 이야기하는 걸 들었습니다.

수학 공부하러 온 것도 아니고, 영어 공부하러 온 것도 아니고, 탐구생활용 공부하러 온 것도 아니다. 우리는 인생 공부하러 온 것이다. 원래 공부의 뜻은 그것이다. 수학 공부, 영어 공부가 아니다. 우리는 여기에 공부하러 온 게 주 목적이다.

왜 사느냐고 물으면 절대 웃지 마세요. 공부도 하고 돈도 벌어야 하고 할 일이 많습니다.

노세 노세 젊어서 노세,

늙어지면 못 노나니.

일할 땐 일하고 공부할 땐 열심히 하세요. 그다음에 열심히 노세요.

인간은 인간으로서의 삶을 살아야 인간다운 것이다. 요즘 여기저기서 자신의 종교를 믿으라고 길거리에서 지하철에서 떠드는 사람들이 너무 많다. 나는 신의 종이 되어서 편안한 삶을 사는 것은 거부한다. 힘들게 살고 평안한 안식을 찾지 못하더라도 신의 종은 되지 않겠다.

수처작주라고 했다. 내 인생의 주인공은 나다. 신이 아니다. 또 신성

모독이라고……. 신이 머리위에서 우리의 인생을 좌지우지할 수는 없다. 인간 중심으로 돌아가야 한다. 신의 이름으로 전쟁, 테러, 살인 온갖 악행을 저지르는 일이 많이 발생한다. 자기가 세뇌된 줄도 모르고 오직 신만을 위해서 하는 짓이다.

그래서 종교는 두 개 이상 가져야 한다고 강력히 주장한다.

"한 개도 힘든데, 꼭 두 개 해야 해요?"
"가끔씩이라도 와요. 초코파이 드릴게요."
"한 개 주면 안 와요."
"몰래 두 개 줄게요."
"앗싸, 가야지."
"다음 주에 오면 세 개 줄게요."
"오예. 숨겨 놓고 먹어야지"

또 21세기는 신 르네상스 시대가 되어야 한다. 신의 종이 되지 않겠다는 것도 좋지만 앞으로는 인공지능의 종이 되어서도 안 된다. 앞으로 기술이 점점 더 발전을 하게 되면 인간들이 할 일이 별로 없어진다. 모든 것은 인공지능이 거의 다 해 준다. 농사도 지어 주고 공장도 가동시켜서 제품을 생산해 주는 시대가 올 것이다.

인간들은 자동차를 타고 다닐 필요 없다. 자동차도 조만간 없어질 것이다. 곧 드론을 타고 날아다니는 시대가 도래할 것이다. 그러려면 기술이 좀 더 발전을 해야 하는 단계가 있다. 하늘에서 서로 부딪치지 않도록 6G 내지 7G 기술이 더 발전해야 할 것이다. 통신도 더 발전해야 할 것이다. 주소만 입력하면 이쪽에서 저쪽으로 원하는 시간에 원하는 장소에 정확하게 태워서 데려다 줄 것이다.

　결국 인간은 아무 할 것이 없게 된다. 그 시대가 좋을 것 같지만 결코 좋을 것 같지 않다는 생각이 든다. 그때는 인공지능의 노예가 되어 살아야 할 시대인 것이다. 신의 종이 아니라 로봇의 종이 되어야 한다. 그러다가 발전소가 파괴되면 1년 안에 바로 석기시대로 돌아가 버린다. 산업사회에서 이런 일이 생기면 어떻게든 넘어가지만 스마트한 시대가 도래되어서 에너지의 공급원인 전기 석유가 끊어지면은 바로 석기시대로 돌아가 버린다. 이렇게 좋은 스마트폰도 하나의 고칠 덩어리에 불과하다.

　국가기록원에 저장되어 있는 정보자료 탱크에 전기가 끊어지고 기름이 끊어지면은 우리나라에 국가 자료도 어떤 것도 남아 있지 않게 된다. 그것은 현대 문명의 끝이다. 그게 인류의 종말이다.

천지가 개벽하기 전 꽃은 피었네

세상의 기원.

오랜 세월이 흘러간 뒤에 이 세상이 끝나는 시대가 온다. 이때는 태양도 꺼지고 지구는 가루가 되는 시기가 도래한다. 그때 중생들은 광음천에서 다시 태어나 오랜 세월을 살게 된다. 기쁨이 음식이요, 몸에서 스스로 빛을 내며 허공을 날아다니면서 아주 오랫동안 평화롭게 산다.

그로부터 오랜 시간이 지나면 이 세상이 이뤄지는 시기가 오는데 그때 중생들은 광음천에서 이쪽으로 이주하여도 스스로 몸에서 빛을 내며 기쁨을 음식으로 삼고 허공을 날아다니면서 또 오랜 수명을 누린다. 또 오랜 세월이 지나면 이 세상이 이루어지는 시기가 온다.

그때 이 세상은 온통 물로만 이루어져 있고 칠흑 같은 어둠으로 덮여 있었다. 태양과 달과 별도 나타나지 않았고. 하루 한 달 1년이라는 세월의 구분도 없었고 여자와 남자라는 구분도 없었다. 어떤 차별이나 차이도 없었고 이름하여 중생이라 하였다.

이로부터 참으로 오랜 세월이 지난 후에 어느 날 어느 곳 어느 때에 마치 끓은 우유가 식으면 얇은 막이 생기듯이 물위에 생겨난 막이 점점 넓게 퍼지기 시작했다. 그것은 질 좋은 버터와 같이 예쁜 색을 띠고 있어 꿀처럼 향기로운 맛을 지녔다. 이것을 본 어떤 중생이 한입 떼어 맛을 보게 되었다. 그 맛에 반하여 강한 욕심이 생겼다. 이것을 본 다른 중생들도 모두 한입 떼어 맛을 보았다. 모두 그 맛에 반하여 강한 욕망이 생겼다.

이렇게 하여 너나 할 것 없이 땅을 먹게 되었다. 그러자 몸에서 끝없이 발하는 빛이 사라졌다. 그러자 이번에는 태양과 달이 생겨났다. 이어서 별이 생겨났다. 그리고 하루 한 달 1년이라는 세월이 생겨났고 계절이 생겨났다. 이렇게 다시 이 세상이 이루어졌다. 강한 욕심에 버터 같은 땅이 사라졌다. 그러자 이번에는 땅에서 맛있는 땅의 조각이 솟아 올랐다. 이 땅의 조각도 꿀처럼 향기롭고 강한 맛을 지니고 있었다.

중생들은 그것을 먹고 또 오랜 세월을 살았다. 그러자 몸이 점점 단단해져 갔다. 몸이 점점 굳어져 가면서 중생들 사이에는 용모에도 차이가 생기기 시작했다. 용모가 잘생긴 중생은 곧 교만해지기 시작했다.

잘생긴 용모를 가진 중생은 못생긴 중생을 멸시하기 시작했다. 그러자 이번에는 땅의 조각이 사라졌다. 그러면서 몸은 더 견고하게 굳어져 갔다.

이번에는 땅에서 와달라따 풀이 생기기 시작했다. 중생들은 그 풀을 먹고 또 오랜 세월을 살기 시작했다. 그리고 몸은 점점 더 견고해져 갔다. 또 용모에는 더 차이가 생겼다. 교만도 점점 커져 갔다. 그러자 이번에는 와달라따 풀이 사라졌다. 이번에는 땅에서 속겨와 겉겨가 없는 쌀이 올라와 생기기 시작했다. 사람들은 그 쌀을 먹고 오랫동안 살았다. 그 쌀은 먹은 만큼 또 생겨났다. 몸은 더 견고하게 굳어져 갔다.

그러자 그 사이에 점점 원래 몸의 형태가 뚜렷해지기 시작했다. 남자와 여자는 몸의 형상이 보이기 시작했다. 처음에는 서로를 물끄러미 쳐다보았다. 오랫동안 서로를 쳐다보았다. 나에게 없는 것이 있었다. 그들은 애욕이 생기기 시작했다. 점점 가까워지기 시작했다. 그리고 짝을 지어 한 집에 살게 되었다. 그러자 이번에는 쌀에서 껍데기가 생기기 시작했다. 그리고 그 쌀을 한번 베어버리면 더 이상 나오지도 않았다.

이렇게 중생들은 먹고 사는 것을 걱정하기 시작했다. 이렇게 중생의 세상이 시작되었던 것이다.

이 이야기는 세기경에 나오는 인류의 기원에 대한 이야기다. 다른 종교에서 말하는 창세기인 셈이다. 이 이야기가 더 재미있지 않은가. 그런데도 아무도 교육하거나 세뇌시키지 않았다.

세상은 공평한가

　세상이 공평한지에 대해서는 여러 가지러 의문이 들 수 있다. 어떤 면에서는 공평한 조건과 기회가 모든 사람에게 동등하게 주어진다면 공평한 세상이라고 말할 수 있겠지만, 현실적으로는 사회적, 경제적, 문화적인 요인들로 인해 모든 사람들이 동일한 조건에서 시작하는 것은 어렵다.

　따라서 공평한 세상을 이루기 위해서는 많은 노력이 필요하며, 사회 구성원들 모두가 노력하여 불평등을 해소하고 평등한 기회를 제공하는 것이 중요하다. 이를 위해 교육, 정책, 사회적인 변화 등 다양한 영역에서 노력이 이루어져야 한다.

　공평한 세상을 위해 우리 모두가 함께 노력하는 것이 중요다고 말한다. 어느 정도의 효과는 나오지만 현실적으로 실현 불가능하다고 보는 것이 정설이다. 공평하다는 사람도 있고 불공평하다는 사람도 많다. 나쁜 일을 겪은 사람은 불공평하다고 하고, 못사는 사람도 불공평하다고 한다. 공평하다고 말하는 사람이 별로 없는 것 같다.

　현 세상 하나를 두고 봐도 나쁜 짓을 해도 어떤 사람은 잘살고, 착한 일을 해도 못사는 사람은 못사는 세상이다. 잘사는 사람은 못된 짓을 해도 잘살고, 못사는 사람은 선하게 살아도 못사는 경우가 많다. 그걸 보고 공평하다고 말할 수 있을까. 결론은 공평하다고 말할 수 있다.

물론, 나쁜 사람도 잘살 수 있는 경우가 있을 수 있다. 그러나 일반적으로 나쁜 행동을 하는 사람들은 긍정적인 결과를 얻기보다는 부정적인 결과를 많이 겪을 가능성이 높다. 이는 사회적 규범과 윤리적 가치에 어긋나는 행동을 선택함으로써 그들 스스로에게도 문제를 일으킬 수 있기 때문이다. 행복하고 성공적인 삶을 살기 위해서는 좋은 행동과 윤리적인 선택을 하는 것이 중요하다.

현 세상 하나만 보고 판단해서 그렇다. 전생과 현생을 펼쳐 놓고 보면 공평한 세상이라는 걸 알게 될 것이다. 짧은 소견으로 세상을 판단할 것이 못 된다. 세상은 돌고 도는 것이다.

그래서 현자는 좋은 일이 생겨도 별로 좋아하지 않고 나쁜 일이 생겨도 별로 슬퍼하지 않는다. 인과 연이라는 영화를 보기 전에 영화관 앞에서 아이가 묻더라. "인과 연이 뭐야?" 물으면 대답하는 것이 인지상정. 사람들이 기다리는 조용한 영화관 앞에서 묻는데 대답을 안 할 수가 없었다. 그래서 열심히 설명 해주었다. 무슨일이 일어나면 그 일에는 원인이 반드시 있다고. 너한테 좋은 일이든 나쁜 일이든 무슨 일 생기는 것은 모두 과거에 네가 무슨 짓을 했기 때문이라고. 짧게는 몇 분전에 또 길게는 수백 년 전 너의 전생에 한 짓이 지금 그 결과 생기는 것이라고. 즉 뿌린 대로 거둔다는 뜻이라고. 그랬더니 모두 쳐다본다. 틀렸나.

예를 들어, 지나가는 사람에게 주먹질을 했다면 그 사람에게서 빠르면 바로 몇 초 만에 주먹이 날아온다. 그런데 때린 사람이 강한 사람이라면 때릴 수가 없다. 그러면 기다린다. 며칠 몇 년 몇백 년 동안 그놈이 약해질 때까지 기다린다. 이번 생에 해결하지 못한 것은 다음 생에 만나면 이상하게 때리고 싶은 마음이 드는 사람이 보일 것이다.

부자와 가난한 자의 차이

부자와 가난한 자는 어울릴 수 없는 것일까? 흔히 부자들은 가난한 자의 상황을 모르고 가난한 자들은 부자들의 상황을 모른다고 이야기한다. 가난한 자들은 부자가 얼마나 열심히 일하는지를 모르고 부자들은 가난한 자들이 얼마나 처참하게 살고 있는지를 모른다. 부자들은 가난한 자들이 겪는 일을 겪어 볼 일이 잘 없다. 그래도 요즘은 복지 혜택이 좋은 편이라 다행이라 생각한다.

어찌되었던 이세상은 제로섬의 세상이다. 가난한 자는 경제적으로 제한된 상황에 처해 있을 수 있다. 그들은 일상생활에 필요한 기본적인 지출 비용만을 벌어 충당하고 경제적인 여유가 없을 수 있다. 반면에 부자는 재정적으로 안정되어 있으며 더 많은 자유와 선택권을 갖고 있다.

부자들은 사람들을 만나면 항상 복을 쌓는 일을 한다. 돈이 없으면 없는 대로 작게 베풀고 어쨌든 기회를 만들어 만나는 사람마다. 밥을 사고 베푸는 행동을 한다. 어떤 분은 항상 빵을 한 박스 사서 매일 만나는 사람들에게 나누어 주시는 사람도 봤다. 결국 그런 사람은 사업이 너무 잘되어 항상 바쁘게 살더라.

가난한 사람은 못사는 이유가 있지만 부자들은 항상 복을 베풀고 사는 것을 봤다. 인과응보의 법칙에 따라서 받기만 한 자는 나중에 나갈 일만 잔뜩 생기고 주로 베푸는 자는 적게 주던 많이 주던 어쨌든 그것이 몇 배로 불어나서 나중에 다 돌아오는 것을 봤다. 성경에서 말하는 것처럼 뿌린 대로 거두는 것이다.

어떤 분은 "너무 가난하여 베풀 것이 하나도 없는 데 어떡하나요."라고 했다. 그러자 부처님이 말씀하시기를 "너에게는 재산이 없어도 베풀 것이 일곱 가지나 있네."라고 하셨다. "너에게는 사람을 편하게 하는 따뜻한 눈길이 있고, 얼굴에 화색을 띠고 환한 얼굴로 남을 대하는 미소 띤 얼굴도 있고, 예의 바르고 친절한 태도가 있고, 공손하고 부드러운 말투가 있고, 묻지 않고도 상대의 속을 헤아려서 도와주는 아량도 있으니 얼마나 다행인가."

사람을 대하는 데 따뜻한 마음만 가져도 눈빛과 말, 행동으로 전달이 되고 이것 또한 베풂이 될 수 있다는 것이다. 누군가는 마음먹기보다 행동이 쉬워 행동을 먼저 하면서 마음이 생길 수도 있고, 누군가는 행동하기 부끄러워 마음먹기 먼저 해보고 싶을 수 있다. 마음과 행동은 상호 영향을 주는 존재이므로 실천할 수 있는 것부터 해 보자.

가장 어렵다고 생각되는 것은 남이 무엇을 원하는지 헤아려 상대가 진정으로 원하는 것을 도와주는 것이다. 내가 보기에 상대가 원할 것 같다고 생각하고 행동하는 것은 강요이자 꼰대 짓이기 때문이다. 상대는 예의를 차린다고 싫어도 내색하지 않고 참는 경우도 많다. 따라서 내가 베푸는 것이 진실로 베푸는 것인지 항상 주의하며 조심해야 한다.

복의 씨앗을 심어라. 작은 콩 하나가 싹이 터서 나중에 수백 개의 열매를 맺는 것처럼 당장 결과가 나오지 않는다고 조급해할 필요가 없는 법이다. 싹이 나서 열매를 맺기까지 기다리는 인내가 필요하다. 당

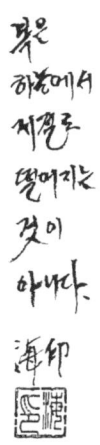

꽃은
허공에서
저절로
떨어지는
것이
아니다.

海印

자기 몫은
바닥이 나기전
스스로
채워야
한다
2021. 10. 4

모두 갖은 편라고
영원한 것도 없다

제3화 꽃이 세상에 방향을 제시하다

장 결과가 나오지 않는다고 허구라고 하는 순간 바로 복이 날아가 버린다.

역대 부자들을 이야기하면 경주 최부잣집 이야기를 빼놓을 수 없다. 보통 부자는 3대 이상까지 가지 않는다고 했었는데 가난도 3대 이상 가지 않는다고 했었다. 그런데 경주 최부자는 12대까지 갔었다. 거기는 그러한 이유가 있다. 그 집 가문의 가훈을 보면 알 수가 있다. 그 가훈에는 항상 이런 말이 있다. 백 리 안에 굶는 사람 없게 하라. 또 손님이 찾아오면 항상 밥을 대접하고 쌀을 준비했다가 없는 자들이 오면 항상 내어주라는 것이다.

그리고 얕은 수로 재산을 늘리지 말라고 했다, 형편이 어려운 사람의 재산을 헐값에 사지 말고 어려운 상황을 넘기라고 도와주라는 것이다. 그래서 3대에 걸쳐 끝날 부유가 12대까지 이어서 갔다. 12대에 이르러 일제강점기가 오자 모든 재산을 독립자금으로 주고는 재산을 정리했던 것이다.

복은 하늘에서 저절로 떨어지지 않는다. 자기의 복은 바닥이 나기 전에 스스로 채워야 한다. 복은 절대로 하늘에서 저절로 떨어지는 법이 없다. 복이 없다고 한탄하지 말라. 지금 뭘 해 놓지 않으면 나중에도 아무것도 없다. 철저히 뿌린 대로 거두는 것이다.

가진 것이 없는 자들은 주로 소득을 어떻게 사용하는지에 초점을 두고 있을 수 있다. 그들은 소득을 지출에 대부분 사용하고, 큰 자산이나 투자를 못하는 경향이 많이 있다. 하지만 부자는 자산과 투자를 통해 재산을 늘리고, 장기적인 재정적 안정을 추구한다.

부자는 종종 더 많은 정보와 교육의 기회를 얻을 수 있다. 그들은 상류사회의 고급 정보를 얻을 가능성이 높고, 더 좋은 투자와 사업의 기회를 가질 수 있다. 반면에 가난한 자는 교육과 투자의 기회에 제한을 받을 수 있으며, 기회가 생겨도 재정적인 문제에 부딪혀 기회를 놓쳐 상황을 더욱 어렵게 만들 수 있다.

부자는 일반적으로 풍요롭고 여유로운 생활 방식을 누리면서 산다. 그들은 고급스러운 주거지를 갖고 있고, 여행이나 여가 활동에도 아깝지 않게 돈을 많이 쓰기도 한다. 반면에 가난한 자는 경제적인 제약 때문에 낮은 생활수준에서 벗어날 수 없다.

가진 자는 더 큰 자유와 선택의 폭을 가지고 있다. 그들은 자신이 원하는 일을 선택하고, 삶의 다양한 측면에서 더 많은 선택을 할 수 있다. 가난한 자는 종종 경제적인 제한으로 인해 선택의 폭이 제한되고, 한정된 선택지에서 선택을 해야 할 수 있다.

이런 여러 가지 차이로 인해 가난한 자와 부자는 경제력으로나, 사회생활이나, 문화생활 측면에서 전혀 다른 삶을 살게 된다. 그러나 중요한 점은 가난한 자든 부자든, 모두가 행복하고 만족스러운 삶을 살 수 있는 다양한 방법이 있다는 것이다.

부자들은 가난한 자들 때문에 부자가 되었다면 부를 나누어 주는 아량도 있어야 한다. 노블레스 오블리주 정신으로 이 사회에 환원을 해서 극단적으로 치닫는 일이 발생하지 않았으면 좋겠다. 즉 세금을 내면 잘 활용이 될 것이다.

가난한 자들이 있어야 부자가 존재한다. 부자들만 있으면 부자가 아니듯이 어울려 살아야 한다. 우등생도 열등생이 있어야 우등생이지. 우등생만 있으면 그것이 우등생이 아니고 당연한 것이 된다. 가난한 자들은 부자가 되기 위해서는 죽도록 공부하는 것이다.

그렇지 않으면 적금이라도 열심히 들어서 기초 자금을 마련해야 한다.

풍요가 가져온 현실

풍요가 가져온 세상은 경제적으로 풍성하고 풍요롭다는 의미이다. 풍요가 가져온 현실은 다양한 측면에서 변화를 가져왔다. 풍요로 인해 경제적인 부분에서는 소비력이 증가하고, 생활수준이 향상되었다. 더 많은 사람들이 고급 상품이나 서비스를 이용할 수 있게 되었고, 더 나은 삶의 질을 누릴 수 있게 되었다.

또한, 풍요로 인해 사회적인 측면에서도 변화가 있었다. 소득 격차가 커질 수 있으며, 부의 불균형이 발생할 수 있다. 이는 사회적인 불평등을 야기할 수도 있다. 또한, 소비 중심의 사회에서는 소비문화가 강조되고, 소비에 따른 경제적인 압력이 증가할 수 있다.

또한 환경적인 측면에서도 풍요는 영향을 미친다. 소비의 증가로 인해 자원 소모가 증가하고, 환경오염이 심화될 수 있다. 이는 지속 가능한 발전과 환경 보호에 대한 중요성을 강조하는 문제로 이어질 수 있다.

풍요가 가져온 현실은 다양한 측면에서 이중적인 영향을 미치고 있으며, 이를 평가하고 대응하는 것은 우리 사회의 과제이다. 풍요를 즐기면서도 지속 가능한 발전과 사회적인 공정성을 고려하는 방향으로 나아가야 한다.

풍요는 일반적으로 돈과 재물의 증가를 의미하며, 이를 통해 사람들은 더 많은 선택과 기회를 가질 수 있다. 풍요로운 세상에서는 식량과 자원의 풍부함으로 인해 기본적인 생활수준이 향상되며, 교육 의료 서비스, 문화적인 활동 등 다양한 영역에서 발전할 수 있다. 또한 풍요로운 사회에서는 경제적인 안정과 편리함이 강화되어 개인과 국가의 안정성을 높일 수 있다. 하지만 풍요로운 세상에서도 여전히 사회에는 별의별 일들이 벌어진다. 이를 해결하기 위해서는 계속해서 발전과 분배의 공정성을 고려해야 한다.

단군 이래 지금까지 먹을 것이 풍성한 시대는 없었다. 이런데도 먹고 살기가 힘들다고 한다. 젊은 세대들은 살기 힘들다고 결혼도 안 하고 결혼해도 아이도 안 낳으려고 한다.

국회가 싸우지 않고 조용하면 죽은 국회이고, 아이들의 우는 소리가 나지 않는 도시와 마을은 이미 죽은 도시이고 마을이다. 시골길을 달리다 우연히 자기 마을에 아기가 탄생했다는 축하 플래카드가 걸린 것을 보고 웃어야 할지 울어야 할지 분간도 안 가는 시대가 되어 버렸다.

그런데도 개는 끌어안고 살려고 한다. 먹을 것 없던 시절에 비하면 축복받은 세대들이다. 노인들이 외로워서 개를 데리고 사는 것은 이해가 되지만 결혼은 하지 않고 개를 데리고 사는 것은 참 이해하기 힘들다. 개가 상전인 세상이 되어 버렸다. 아는 지인이 애완견이 으르렁대길래, "이놈의 개가!" 하고 덤볐더니 주인이 나타나서는 왜 우리 개한테 화를 냈냐고 인간을 혼내는 시대가 되어 버렸다.

아이 안 낳는 세상은 살기가 좋다는 뜻이다. 그럼 도대체 인구감소의 대책은 없는 걸까? 이민을 받아들여야지. 골고루 받아야지. 인종, 종교를 차별하면 유엔 인권위원회에 올라간다. 꼰대라고……. 누가 꼰대라고.

먹고 살기 힘들어서 결혼하기 힘들다고 말하는 젊은이들이 너무 많다. 우리 어릴 적에는 무조건 결혼해야 한다는 풍토가 아주 강하게 성립되어 있었다. 그래서 먹을 것도 없고 집이 없고 남의 집 뒷방 한 칸에 신혼살림을 꾸려서 사는 사람들이 많았었다. 아무리 힘들어도 결혼하려고 했었다.

그런데 요즘은 단칸방에 살 사람도 없을뿐더러 아파트라는 더 좋은 집들이 많다. 물론 구하기는 힘들다. 예나 지금이나 집 구하기는 매 한가지로 힘들다. 아파트도 구하기 힘들고 그 당시 단칸방 한 칸도 구하기가 힘들었지만은 결혼을 많이 했었고 지금은 하지 않는다. 그 이유가 뭐일까? 살기 힘들어서라고 꼭 말할 수 있을까?

전쟁 이후인 60년대에는 먹고 사는 것이 제일 힘들었다. 아기를 낳아서 키우는 일은 힘든 축에도 못 들었다. 결국 인간은 제일 힘든 일을 우선순위로 일을 처리하다 보니 출산은 힘든 일이 아니라고 생각을 했었다. 그러면 제일 힘든 일을 만나면 우리는 어떻게 처리할까.

어차피 극복해야 할 일이라면 전력을 다해서 해결하려 할 것이고 피할 수 있는 일이라면 피해 버린다. 그런데 먹고사는 일은 극복해야 할 숙제이지 피해야 할 대상이 아니다. 그래서 경재개발계획을 세우고 새마을 운동을 하여 전 국민이 이 문제를 해결해 왔었다.

그런데 지금은 선진국이 되고 먹고 사는 일이 해결되니 제일 힘든 일은 출산 문제가 되었다. 출산 문제는 극복해야 할 대상이 아니고 피하면 해결되는 대상이다. 그래서 모두가 피해 버린다. 이런데 돈 몇 푼 더 줄 테니 아이를 낳으라고 하는 정책은 한참 번지수가 틀린 것 같다.

그것뿐만 아니라 전반적인 사회 분위기가 결혼하지 않는 분위기로 가고 있는 것 같다. 언론도 그런 식으로 몰고 가고 있고 TV 프로그램도 그런 식으로 몰고 가고 있다. 특히 연예인들은 걸핏하면 이혼을 하고 이혼율 상승을 조장하고 있다. TV 프로그램에도 혼자 사는 것을 강조하는 프로그램들이 많다.

언론도 집 구하기가 힘들다고 계속 협박 내지 겁을 주는 신문기사들을 너무 많이 내보낸다. 애 하나 키우는 데 몇 억이 든다는 둥, 집 한 채 구하는 데 한 푼도 쓰지 않고 몇십 년이 걸린다는 둥 온갖 두려운 말들을 계속 해대니 결혼할 엄두가 나겠는가. 사회 분위기가 모두 그런 식으로 돌아가고 있다. 인기 프로그램으로 많은 시청률을 높이기 위한 수단인 것 같다. 민주주의 사회에서는 포퓰리즘이 큰 죄가 될 수도 있다는 생각이 든다.

식물이든 동물이든 살기 좋은 환경이 되면 아이를 안 낳으려 한다. 생활환경이 열악하고 먹을 것이 부족하면 식물이든 동물이든 종족 유지를 위하여 번식을 한다. 이럴 때는 식물도 생각을 하고 꽃도 피운다. 꽃을 피워서 씨앗을 퍼뜨려야 한다.

TV에서 사자가 영양이나 멧돼지를 잡아먹고 있는 모습을 본다. 사실 사자도 열 번 정도 시도해야 한 번 정도 성공한다. 사자도 그만큼 먹고 살기 힘든 세상이다. 사자가 멸종할 리가 없다.

식물이 꽃을 안 피우면 생육환경이 좋다는 뜻이다. 꽃을 피우고 싶으면 물도 제대로 주지 않고 혹독한 환경에 내놓으면 꽃을 잘 피운다.

역사를 봐도 알 수 있다. 너무 심하면 그냥 죽는다.

그 유명한 피라미드문화, 메소포타미아문화, 잉카문명 등 역사 속으로…….

눈만 뜨면 끝인가

인생은 꿈인가. 꿈이 아닌가.

어떤 종교에서는 인생을 허구라고 하니까 허무주의라고 하고 비난하는 종교인들을 봤다. 정말 인생은 뻥일까? 결론부터 말하면 뻥이다. 언제쯤 알 수 있을까? 죽을 때 쯤 대충 알게 된다.

그나마 좀 나은 분은 자기 자신이 늙어 갈 때쯤 알게 된다. 이 사실을 어린 애들이 알면 사실 좀 세상 살기가 힘들다. 그래서 어린이들은 차라리 모르는 게 더 낫겠다는 생각이 든다. 인생이 뻥이라는 건 다이아몬드경 끝 구절에도 나와 있다.

이 사실을 너무 일찍 알아 버리면 삶의 가치를 잃어버린다. 그래서 50 이후에 아는 것이 적당하다고 본다. 그래서 오십을 지천명이라 했는지도 모른다. 깨달음을 얻으면 인생의 목표를 더 잘 이해할 수 있고 방향을 정확하게 정할 수 있는 경우가 많다. 깨달음은 진리를 아는 것이므로, 더 깊은 통찰력과 인식을 얻을 수 있게 된다. 이를 통해 자신과 이 세상에 대한 이해가 더욱 넓어지고, 인생의 목표와 의미를 더 잘 파악할 수 있다.

깨달음은 우리가 평소에 간과하거나 무시하면서 보고 듣던 것들을 인식하게 해주고, 우리의 관점과 패턴을 변화시킬 수 있다. 이러한 변화는 자아 성장과 영적성장에 큰 도움을 줄 수 있다. 깨달음을 통해 우리는 자신의 가치관, 우선순위, 그리고 무엇이 더 중요한 것인지에 대한 인식을 개선할 수 있다.

하지만 깨달음은 개인의 경험과 성취에 따라 다를 수 있으며, 모든 질문에 대한 완벽한 답을 제공하지는 않는다. 각자의 인생은 다양하고 개별적인 경로를 가지며, 깨달음은 개인의 성장과 여정에서 중요한 역할을 할 수 있다. 따라서 깨달음은 인생의 목표를 이해하는 데 도움을 줄 수 있지만, 그 과정에서도 계속해서 배우고 발전해 나가야 한다.

그렇다면 이 눈만 뜨면 끝인가? 아니다. 이 눈을 뜨고 나면 그 다음에 할 일이 있다. 이제 시작인 것이다. 지혜를 터득해야 한다. 이 눈을 뜨면 몇 날 몇 달 동안 심한 우울증에 시달리다가 그래도 생각이 있는 분은 눈물을 닦고 일어선다. 이 불쌍한 인간들을 위해서 할 일이 무엇인가 하고 생각하게 된다.

그때부터 이 사람은 알게 모르게 수행의 길을 걷게 된다. 그 첫발을 내딛는 순간이 온다. 이때부터 이런 사람을 우리는 성자의 길로 들어섰다고 한다.

성자 중의 최하위 성자인 수다원인 것이다. 이것만 해도 얼마나 대단한 건지 모른다. 이때부터 이 사람의 행동은 완전히 달라진다.

물론 그 모습은 예나 지금이나 똑같다. 말과 행동이 다른 사람과 많이 달라진다.

눈을 뜬 사람을 알아볼 수 있을까

우리는 이 눈을 뜬 사람을 알아볼 수 있을까. 보통 사람들은 절대 알아볼 수가 없다. 보통 사람들은 부처님이 옆에 있어도 이웃집 아저씨를 보기 때문에 알아볼 수가 없다. 알아보는 단 한 가지 방법은 자기 자신이 눈을 떠 봐야 한다. 일반 보통 사람들이 눈 뜬 자를 알아보는 것은 그만큼 어렵다.

다시 말해서 자기 자신도 그만큼 눈의 높이를 올려야 한다. 업그레이드해야 된다는 이야기이다. 그렇지 않고는 절대 알아볼 수가 없다. 이 눈을 뜬 사람을 알아볼 수 있다.

만나서 이야기해 보면 단번에 알 수 있다. 그래서 사기꾼은 사기꾼을 알아보듯이 눈을 뜬 자는 눈을 뜬 자를 알아본다. 만나서 이야기를 하다 보면 은연중에 알게 된다. 하수들은 그 사람과 대화를 하는 도중에 알게 되지만, 고수들은 그 사람의 모습만 보고도 알 수 있다.

대화를 통해서 알아보든 모습을 봐서 알아보든, 알아본다는 것은 이미 자기 자신이 상당한 수준에 올라와 있다는 뜻이다. 그렇다면 내 주변에 눈을 뜬 사람이 있을까? 내 친구들을 비롯하여 직장동료 일가친척을 비롯하여 내 주변에는 약 100명가량의 지인들이 있다. 이 중에서 눈을 뜬 사람이 몇 명 정도 있을까? 대략 현재까지 보면 3명 정도 있다. 찾아보면 2명 정도 더 나오겠지만 100명 중에 약 5명 정도 되더라. 이 눈을 뜬 사람은 약 5% 정도밖에 되지 않는다는 계산이 나온다.

이 눈을 뜬 사람은 좋은 사람인가 하면 물론 대부분 좋은 사람이다. 그렇지만 반드시 좋은 사람인 것은 아니다. 이 눈을 뜬 3명 중에 1명은 상당한 다혈질이다. 인품이 뛰어난 것도 아니고 성품이 순수한 것도 아니지만 악랄한 것도 아니다. 온순한 것은 더더욱 아니다. 그렇지만 눈은 뜬 것은 확실하다. 전생에 못된 습성이 아직도 남아 있어서 거친 말을 하고. 격한 행동을 하지만 눈은 뜬 것은 맞는 현실이다.

내가 미처 알지 못하는 가수 김광석 가수도 이 눈을 뜬 사람 중에 한 사람이다. 가수 김광석을 만나 보지도 않았는데 어떻게 아냐고 할지 모른다. 노래 속에 이미 다 담겨져 있었다. 이 눈을 뜬 사람은 거의 50대 이상인데 김광석 가수는 20대에 눈을 뜬 것 같다. 너무 일찍 뜬 것이다. 옆에 스님이나 선지식인이 있었더라면 아마 죽지 않고 지금쯤 아주 큰 수행자가 되지 않았을까 하는 생각이 든다. 이런 사람들은 항상 악인의 공격 대상이 된다. 일반인도 평상시에도 항상 옆에 선지식인 한 명 정도는 가까이 두어야 한다.

부자는 천국에 갈 수 없는가

"부자가 천국에 가는 것은 낙타가 바늘구멍을 통과하기보다도 더 어렵다."고 하는 말이 있다. 이것은 진리일까 아니면 떠도는 소문일까? 이것은 낙타가 아주 작은 바늘구멍을 통과하는 것보다 부자가 천국에 들어가기 어렵다는 것을 다른 말로 표현한 말이다.

이 비유는 부자가 향락과 풍요로운 삶에 빠지게 되어 도덕적 가치나 공익에 대한 관심을 잃을 수 있다는 점을 강조한다. 부자는 돈과 권력의 유혹에 빠져 자신의 이기심과 탐욕을 충족시키는 데 집중할 수 있기 때문에, 영적인 가치와 도덕적인 행동을 등한시할 수 있기 때문이다.

무소유를 주장하시던 스님이 보시면 맞다고 볼 것이다. 부자가 천국에 못가는 것이 아니라 많이 어렵다. 보통 사람들은 부자가 악행을 많이 해서 그런 말이 나온 것이 아닌가 하는 생각을 한다. 그럼 부자가 왜 천국에 가는 것이 힘든 것일까? 그것은 부자인 상태에서는 이 세상의 진리를 알아볼 수 있는 감정을 느낄 수 없기 때문이다.

가난한 자들이 겪는 백척간두의 끝에서 생명줄 하나에 인생을 걸고 사는 느낌을 부자들이 알기가 희박하다. 스님들이 자신을 낮추기 위해 얻어먹는 탁발행위를 가난한 자들은 수시로 하면서 자신을 낮추면서 무아를 경험한다. 하지만 그런 감정을 부자들은 느끼지 못하기 때문이다.

부자들이 가난한 사람들 돕는다고 밑에 내려와서 바닥생활을 한다고 알 수 있는 것이 아니다. 정말로 한 푼 없이 한 치 앞을 바라볼 수 없는 백척간두에서 느끼는 감정을 직접 경험해 보려고 해도 많은 재산을 뒤에 두고서 바닥 생활을 하는 것과는 완전한 차원이 다른 경험이다. 한 치 앞을 볼 수 없는 빈털터리가 되어 보아야 보이는 것이 있다.

그것을 보지 않고는 진리를 찾기 힘들다. 가난한 자도 찾기 힘든 진리를 많은 재산을 앞에 두고 있는 부자가 찾을 수 있을 리가 없다. 그걸 알지 못하는데 어떻게 천국에 갈 수 있겠는가 하는 생각이 드는 것이다.

그렇다고 이런 예를 든다고 모든 부자가 도덕적인 가치를 잃는다는 것을 의미하는 것은 아니다. 부자 가운데서도 사회적 책임과 도덕적 책임을 다하면서 공익에 기여하는 사람들이 많이 있다. 또한 부자라 해서 절대적으로 천국에 들어가기 어려운 것도 아니다. 부자들에게도 영적인 가치를 추구하느냐 어떤 행동을 취하느냐에 따라 천국에 가는 길이 열려 있을 수 있다.

그리고 부자들이 반드시 있어야 하는 이유는 사실 부자들은 우리나라 경제 발전에 이바지한 엄청난 역할을 했다. 부자들이 아니었으면 우리나라에 이렇게 많은 발전을 하여 선진국이 되지도 못했을 것이다. 그런 부자들이 천국에 못 가는 이유가 있어서는 안 될 것이다. 사회적으로도 많은 일을 하고 가난한 자들을 위해서도 많은 일을 하시는 분들인데 천국에 못 간대서야 말이 되겠는가. 반드시 가셔야 한다.

그런데 마인드 컨트롤을 좀 해야 할 필요가 있을 것 같다. 부자도 천국에 갈 수 있다. 천국은 종교나 철학에 따라 다르지만, 보통 천국은 영혼의 평화와 행복을 말한다. 돈이 많은 사람이라고 해서 저절로 천국에 가는 것은 아니지만, 돈을 가진 사람도 무아를 통해 영혼의 평화를 얻을 수 있다. 돈을 올바르게 사용하고, 사랑과 관용을 실천하며, 공헌하는 삶을 살면 부자도 천국에 가는 길을 찾을 수 있다. 그러나 돈의 노예가 되어 탐욕에 사로잡힌다면 오히려 영혼의 평화를 잃을 수도 있다.

따라서 부자가 천국에 들어가기 어렵다는 것은 상황과 개인에 따라 다를 수 있는 것이며, 부자들 역시 참다운 수행과 명상을 통해서 무아를 경험하며 천국으로 향할 수 있다.

기도의 비밀

　기도의 뜻은 빌기 자와 빌도 자를 써서 빈다는 뜻이다. 절대자에게 끊임없이 뭔가를 요구하는 셈이다. 기도는 종교적인 믿음과 관계된 활동으로 사람들이 신이나 초월적인 존재에게 소망이나 감사, 사과, 의지를 전하는 것을 말한다. 기도의 원리는 종교나 신념에 따라 다를 수 있지만 대체로 몇 가지 일치하는 점이 있다.

　기도는 믿음과 신뢰를 표출하는 행위이다. 초월적인 존재가 있든 없든 일단은 신이 있다고 믿어야 우주의 파동과 일치되어 기운이 작동한다. 기도는 솔직하고 진정성 있는 마음으로 분명하고 구체적으로 해야 이루어진다. 속마음을 숨기지 않고 자신의 감정과 욕구를 솔직하게 표현하는 것이 중요하다.

　기도는 개인적이고 악의적인 목적이 있어서는 안 된다. 개인의 내면과 연결되어 있는 소통이 있어야 기도의 효과를 더욱 극대화할 수 있다. 즉각적인 응답을 기대하기보다는 인내와 신뢰를 가져야 한다. 때로는 기도에 대한 응답이 시간이 걸리거나 우리의 예상과 다를 수 있다. 이를 인내하고 믿고 기다리는 태도가 필요하다.

　이는 일반적인 기도의 원리에 대한 개괄적인 설명이며, 실제로는 종교나 개인의 신념에 따라 다양한 원리와 방법이 존재할 수 있다. 실천과 경험을 통해 개인적인 기도의 원리를 발견하고 삶에 적용해 보는 것이 중요하다.

기도는 절대자 앞에서 일심으로 한 치의 의심도 없이 하면 잘 이루어진다. 사실 기도는 장독대에서 정한수 한 그릇 떠 놓고 하는 기도나 성황당 앞에서 하는 기도나 부처님 앞에서 하는 기도나 십자가 앞에서 하는 기도나 효과가 다 똑같다.

양자물리학이나 파동설로 해석하면 기도가 이루어지는 것은 사실 절대자가 이루어지게 하는 것은 아니다. 왜 절대자 앞에서 기도를 하면은 잘 이루어지는 것일까? 그만큼 정신 집중이 잘 되기 때문에 잘 이루어지는 것이다.

옛날 우리 동양사상에도 이런 말이 있다. "정신일도 하사불성." 한문으로 써야 멋이 있는데 수십 년 동안 안 쓰니 기억이 안 난다. 그래도 써 봐야지. "精神一到 何事不成." 앗싸, 성공했다. 정신을 한 곳에 모으면 안 되는 것이 없다.

이것을 피그말리온 효과라고도 한다. 절대자를 앞에 모셔 놓고 하는 기도는 좀 더 강력하다. 세렌티피티 효과와는 다르다. 절대자를 따르지 않는 자들은 항상 정신일도 인사불성으로 살기에 되는 일이 없는 것이다.

자기의 기분을 이 우주로 끌어 올려 일치시키면 기도가 아주 잘 이루어진다. 어떻게 하는지는 다음에 지혜를 얻는 방법을 이야기할 때 설명하기로 하자. 그런 기회가 오기를 기도해야지…….

기도발이 안 먹히는 사람은 열심히 노력하는 수밖에 없다. 노력은 절대 배신하지 않는다. 옛날부터 열심히 공부하는 자와 열심히 저축하는 자에게는 못 당한다고 했다.

그렇게 열심히 돈을 벌어서 주식투자도 하고 펀드도 하나 정도 가입하고 통장에 차곡차곡 쌓아 놓고 쓰면 된다. 그러다가 죽을 때쯤 되면 저승으로 계좌이체해 놓고 나중에 저승가서 써도 된다. 요즘 저승에도 ATM기가 설치되어 있다.

저승의 예금금리도 짭짤하던데요. 못 믿으시겠다면 저승에 한번 다녀오세요. 여행사를 통해서 다녀오시는 게 좋아요. 가이드 없이 여행하다 길을 잃으면 영원히 못 돌아 올 수가 있어요. 요즘 2박3일 패키지로 다녀오니까 싸고 아주 좋았어요.

그런데 가이드가 좀 마음에 안 들어요. 그 갓 쓴 양반 무뚝뚝하고 멋대가리는 개 코털만큼도 없어. 얼굴이 창백한 게 비타민 부족인 것 같았어. 아침저녁으로 꼭 아이스 아메리카노 한 잔씩 TAKE OUT해서 마셔대니 비타민 부족이지.

그래도 칭찬해 줄 만한 건 하나 있었어요. 브레이크 댄스를 아주 잘 췄어요. 그 양반 댄스학원에 다닌 것 같아. 어느 학원인지 살짝 물어보는 건데……. 아까워. 쩝.

제4화
꽃이 세상을 비추다

돈오점수

깨달음을 얻어야 하는 이유는 다양한 이유가 있을 수 있다. 깨달음은 우리가 내적인 성장을 하고 발전하기 위해 필요한 중요한 단계이다. 깨달음을 얻는 것은 우리의 인생과 경험에 대한 깊은 이해를 가져오며, 새로운 시각과 통찰력을 보너스로 얻게 된다. 여기에 몇 가지 이 눈을 떠야 하는 이유를 알려 드리겠다.

이 눈을 뜨는 것은 자기 인식을 향상시키고 개인적인 성장을 이루는 데 도움을 준다. 우리는 자신의 강점과 약점을 파악하고, 자기 성찰을 통해 한 단계 더 나은 영적 성장을 위해 이 눈을 떠야 한다.

이 눈을 뜨면 문제 해결과 창의성을 촉진한다. 새로운 아이디어와 관점을 발견하고, 문제에 대한 새로운 해결책을 찾는 능력이 향상된다. 이 눈을 통해 우리는 한계를 넘어서고 새로운 가능성을 탐색할 수 있다.

우리가 다른 사람들과의 관계를 더 깊게 이해하고 공감하는 데 도움을 준다. 다른 사람의 감정과 상황을 이해하고 존중할 수 있는 능력을 키우게 된다. 이는 더 건강하고 의미 있는 인간관계를 형성하는 데 도움이 된다.

이 눈을 떠서 깨달음을 얻는 것은 내적 평화와 만족감을 찾는 데 도움을 준다. 우리는 외부적인 것에 의존하지 않고 내부적인 안정과 평온을 찾을 수 있게 된다. 이는 우리가 더 행복하고 충실한 삶을 살도록 도와준다.

　이러한 이유들로 인해 이 눈을 뜨는 것은 우리 인생에 매우 중요한 요소다. 그러므로 우리는 주변 환경과 자신을 돌아보며 깨달음을 얻기 위한 노력을 기울여야 한다.

　이 눈을 뜨기 위해서 수행하시는 분은 없지만 눈을 뜨고 수행하지 않을 분이 없는 것이다. 바꿔 말하면 눈을 떠야 수행을 하지 눈을 뜨려고 수행하시는 분은 없다는 뜻이다. 눈을 뜨기 위해서는 많은 노력이 필요할 수도 있고 그렇지 않을 수도 있겠다. 어떤 사람은 가족이 죽거나 충격적인 일을 겪고 나면 바로 그 눈을 뜨는 사람도 있다.

　또 전쟁을 겪거나 혹독한 시련을 겪어 본 자도 금방 이 눈을 뜨기도 하지만 그런 사람은 극히 드물다. 이 눈을 뜨기 위해서 훈련할 필요는 없다. 그런다고 열리는 것이 아니다.

　굳이 뜨기를 원한다면 주문이 하나 있다. "옴 아모카 바이로차나. 마하무드라 마니 파드마. 즈바라 프라바를타야 훔." 이것을 매일 세 번씩 외우면 잘하면 열릴 것이다.

　이 눈을 뜨기 위해서는 항상 깨어 있어야 한다. 즉 항상 정신을 모으고 있어야 한다는 이야기이다. 다시 말해 근기가 있어야 한다. 그러려면 일단 말을 줄여야 한다.

　요즘 유튜브에 이상한 영상을 올려놓고 종말이 온다느니 이 눈을 뜨면 귀신이 보인다느니 혹세무민으로 선동하시는 분이 있다. 어느 날 갑자기 이 눈을 뜨면 자기 자신이 일단 안다. 선지식인이 옆에 없으면 이게 무슨 현상이지 하면서 몹시 당황하게 된다. 그래서 평상시에 항상 옆에 선지식인을 가까이 하면서 살아야 한다.

바람이 부는 이유

바람이 불 때 나무가 예쁘게 흔들리는 것은 나무가 바람을 느끼는 결과다. 바람은 공기의 이동이며, 바람이 나무 주변을 통과할 때 공기 압력이 변하고, 이로 인해 나무의 가지와 잎이 움직인다.

나무는 뿌리로 땅에 근접해 있으며, 그로부터 뿌리를 통해 물과 영양분을 흡수한다. 바람이 불면, 바람에 의해 공기 압력 변화가 일어나고, 이는 나무의 가지와 잎에 영향을 준다. 가볍고 유연한 나무의 가지와 잎은 바람의 힘을 받아 흔들리게 되는데, 이는 바람이 나무에게 전달되어 나무가 바람을 느끼게 되는 것이다.

나무는 바람을 통해 자라는 환경에서 살아가기 때문에, 바람은 나무에게 중요한 자극 요소다. 바람을 통해 나무는 더 많은 자외선과 이산화탄소를 흡수할 수 있으며, 나무의 가지와 잎이 흔들리는 것은 이러한 효과를 극대화하는 역할을 한다. 따라서 바람이 불 때 나무가 예쁘게 흔들리는 모습은 자연의 아름다움 중 하나다.

바람이 부는 이유는 간단하다. 한 지역의 기온이 올라가면 상승기류를 타고 그곳의 더운 공기가 위로 올라가 버린다. 그러면 그 주변에 있는 공기들이 빨려 들어가야 된다. 그것이 바람이다. 그렇다면 왜 그 지역에 기온이 상승했을까?

똑같은 시간에 낮 동안 햇빛을 골고루 쪼이면 기온이 빨리 올라가는 지역이 있다. 즉 콘크리트가 있는 도시 지역이나 바위 지역이나 사막 지역은 3도 올라가는 데 약 3시간이면 된다. 물은 하루 종일 가열해도 1도 이상 올라가는 일이 잘 없다. 그러면 당연히 물이 있는 곳에서 도시 쪽으로 바람이 불 것이다.

그런데 여기에는 여러 가지 변수가 있다. 구름이나 안개가 있으나 없느냐에 따라서 다르다. 또 겨울에도 상황이 다르다. 겨울에는 오히려 바위가 더 빨리 차갑게 식어 버리고 물은 거대로 온도를 유지하기 때문에 반대로 부는 경우가 많다.

인간 사회에 풍파가 많은 이유도 그렇다. 사람마다 성격이 다 다르다. 느긋한 사람, 성질이 급한 사람, 욕심이 많은 사람, 행동이 민첩한 사람. 이런 사람들이 모여 있으면 분명히 풍파가 생기기 마련이다. 물론 여기에도 또 많은 변수가 있다.

성자가 죽으면

성자가 죽은 후에는 다양한 일이 일어날 수 있다. 이는 성자의 영향력과 그가 남긴 가르침, 그리고 그를 따르는 사람들의 행동에 따라 달라진다.

성자의 가르침을 계승하고 그를 따라가는 사람들은 그의 가르침을 계속해서 실천하고 전파하려고 한다. 그들은 성자의 가르침을 존중하며, 그를 모범으로 삼아 자신의 삶을 살아갈 수 있다. 이를 통해 성자의 가르침과 영향력은 계속해서 사람들에게 영감을 주고 긍정적인 변화를 주기도 한다.

남아 있는 제자들에 의해 성자를 추모하고 기리는 의식이 개최될 수 있다. 이는 성자의 삶과 업적을 기리고, 그가 남긴 가르침을 다시 한 번 상기시키는 시간이 될 수 있다. 이러한 의식이 자칫하면 그분을 앞세워 새로운 종교가 탄생되기도 한다. 보통의 경우 성자의 영향력을 계승하려는 사람들뿐만 아니라 성자를 존경하고 존중하는 사람들에게도 의미 있는 시간이 될 것이다.

성자의 죽음은 그를 따르는 사람들에게 당연히 슬픔이 되기도 해서 애도를 할 수 있다. 그러나 이는 동시에 그들에게 성자의 가르침을 더욱 소중히 여기고 그를 추모하는 시간이기도 하다. 살아생전의 가르침의 영향력은 죽음 이후에도 사람들의 마음속에서 계속해서 살아 숨 쉴 것이다.

마지막으로, 성자의 죽음은 종교나 신념 체계에 따라 다른 의미를 가질 수 있다. 일부 종교나 신념은 성자의 영혼이 다른 세계로 넘어가거나 다시 태어난다고 믿을 수 있다. 이에 따라 성자의 죽음은 그들의 영혼의 이동이나 다음 단계로의 진화로 이해될 수 있다.

사람들은 보통 세상에서 이미 많이 공부하고 배운 지천명을 아는 나이 50대 이후에 이 눈을 뜬다. 이렇게 늦은 나이에 눈을 떴는데 할 일도 제대로 못하고 나이들어 돌아가시면 안타까운 일이다. 그렇게 인생에서 열심히 배우고 공부해서 막 결실을 보려는데 돌아가시면 그분들은 어떻게 될까? 다음 생에 태어날까. 그렇다 태어난다.

이분들이 다시 환생을 하며 보통 사람으로 살아간다. 나중에 자라면서 수다원이라는 것을 안다. 그때부터 다시 수다원이다. 그래서 한 번 성자는 계속하여 성자인 것이다. 그래서 불퇴전이라고 한다.

이런 분은 7번 이상 윤회하지 않는다. 계속해서 수행하다 보면 1번의 윤회로 줄어든다. 이분들은 언제부터 자기가 수다원이라는 걸 알까?

이런 분들도 어린 나이 때는 다른 아이처럼 순수하게 자란다. 철없이 뛰놀고 앙탈부리며 부모에게 의존하면서 산다. 그런 아이를 얼라라고 한다. 경상도에서는 아기를 전부 얼라라고 한다. 이런 아이들은 점점 자라면서 깨닫기 시작한다. 주변에 어떤 사람이 죽는 것을 보고도 하나씩 빨리빨리 깨닫기 시작한다. 그리고 어느 순간 자기가 수다원이라는 걸 알고 다시 한 번 성자의 길을 가게 된다. 보통 결혼한 이후에 그걸 깨닫게 된다.

그래서 절에 가면 스님이 부인이 있다는 둥, 아기가 있다는 둥, 스님이 저래도 되니 하면서 온갖 욕하는 분들이 있다. 잘 몰라서 하는 소리일 것이다.

임진왜란 때 스님들이 전쟁에 참가한 것도 한 것도 이런 이유 중에 하나이다. 살생을 하지 말라 했는데 왜 전쟁이 참전했을까? 일본군 하나가 조선인 10명 정도를 죽인다. 그러면 스님이 그걸 막아야 하는데 "살생은 나쁜 것이니 제발 살생을 좀 멈춰 주세요" 하면 그 왜군이 "예." 하고 멈출까?

결코 그런 일은 없을 것이다. 그렇다면 해결책은 단 한 가지. 조선 사람 10명을 구하고 그 왜군에게는 더 이상 업을 짓지 않게 하기 위해서는 바로 그 왜군을 가차없이 죽여 버려야 하는 것이다.

힐링이란

 언제부터인가 여기저기에서 힐링이라는 단어가 많이 나온다. 이런 말은 처음부터 불교에서 먼저 나왔다. 그런데 지금은 전 세계에서 벤치마킹하여 잘 사용하고 있다.
 명상도 처음엔 불교의 참선으로 서양에 수출되었으나 지금은 역으로 명상이라는 이름으로 들어와 여러 사람들과 다른 종교에서 써 먹고 있다. 누가 먼저 했던 중요한건 그것이 아니고 잘 활용하면 되는 것이다.
 그런데 힐링이라는 뜻이 뭘까? 치유라고도 한다. 치료는 무엇이며 치유는 또 무엇일까. 그렇다. 사람은 몸이 아프거나 다치면 병원에 가서 치료를 한다. 그런데 마음의 상처는 그 누구도 치료를 해 준 적이 없다. 기껏 심하게 드러나면 정신과 치료나 받는 것이 전부였다.
 나이 50 이상인 분들은 여태 많은 사람들로부터 마음의 상처를 받으면서 살아온 분들이 많다. 많은 사회생활을 하다 보니 무시당하고 멸시도 당하고 욕도 얻어먹고 배신당하며 사기당하며 그렇게 살아왔던 것이다.
 아프면 병원에 가야 하지만 이 마음의 상처는 누가 치료해 줄 사람이 없었다. 항상 가슴에 응어리를 안고 빨리 잊어버리기만을 바라면서 그렇게 또 생을 살아왔다.

　치료하는 방법도 모르고, 병이라는 것도 모르고, 치료할 생각도 못하고, 오로지 앞만 보고 살다 보면 언젠가 잊혀지겠지 하면서 살아왔던 것이다. 이 힐링이라는 말은 사실 어린아이한테는 해당되지 않는다. 이런 치료사를 힐러라고도 했다.

　누군가가 했던 말이 생각난다. 인생을 한 번도 되돌아보지 않고 열심히 살아왔던 분이 명상을 하라고 해서 명상을 하려고 눈을 감았더니 온 세상 우주만상이 머릿속에 들어왔다. 어린 시절부터 지금까지 수천 수만 가지 일들이 쓰나미처럼 밀려서 들어왔던 것이다. 그만큼 자기 자신을 돌아보지를 못했다. 눈을 감고 있어 보니 살아서 겪었던 일들이 한꺼번에 몰려오니 우주만상을 보았다고 했을 것이다.

　힐링은 각 개인에 따라 다양한 형태로 나타날 수 있으며, 몸과 마음의 균형을 회복하고 자기 발견, 자기 치유, 새로운 에너지를 얻는 과정으로 이해할 수 있다. 힐링은 명상, 요가, 식물 가꾸기, 예술 활동, 자연과의 교감 등 다양한 방법을 통해 이루어질 수 있다. 힐링을 통해 긍정적인 에너지를 얻고, 내면의 안정과 평화를 찾을 수 있다.

　일상의 스트레스와 피로를 풀고, 심신의 안정과 평화를 찾는 과정이나 경험을 말한다. 힐링은 각 개인에 따라 다양한 형태로 나타날 수 있으며, 가끔씩 혼자 중얼거리면서 말을 하기도 하고, 지나온 일들을 후회하기도 하고, 눈물을 흘리기도 한다. 의학적으로 말하면 호르몬의 변화가 왔다고 보면 될 것이다.

　이런 마음의 상처를 치료하는 것이 힐링이다. 치유라고도 한다. 힐링 방법의 효과는 개인에 따라 다를 수 있으며, 각각의 방법이 갖는 장점과 특징을 고려하여 선택하는 것이 중요하다.

일반적으로 많은 사람들이 효과적으로 힐링을 경험할 수 있는 몇 가지 방법이 있다. 힐링 하면 제일 먼저 명상을 떠올린다. 명상은 마음에 안정을 주고 집중력을 향상시키는 데 도움을 줄 수 있다. 숨을 깊게 들이마시고 천천히 내쉬며 명상하는 것은 스트레스 감소와 긴장 해소에 효과적이다.

자연과 함께 시간을 보내는 것도 좋은 힐링이 될 수 있다. 숲 체험, 해변 산책, 정원 가꾸기 등 자연과의 교감은 마음의 평화와 안정을 가져다줄 수 있다. 운동은 신체적인 건강뿐만 아니라 정신적인 힐링에도 도움을 줄 수 있다. 적절한 운동이나 요가, 호흡 등을 통해 스트레스를 풀고 긍정적인 에너지를 얻을 수 있다.

명상음악, 그림 그리기, 글쓰기, 공예 등 예술적인 활동은 창의성을 발휘하고 마음을 치유하는 데 도움을 줄 수 있다. 가족, 친구, 사랑하는 사람들과의 소셜 활동을 통해 하는 소통과 대화는 마음을 편안하게 만들어 주는 효과가 있다. 사랑과 관심을 주고받으며 소통함으로써 힐링을 경험할 수 있다.

이 외에도 자기한테 맞는 다양한 힐링 방법을 찾아서 자기에게 적응시키는 방법이 있으며, 여러 가지 방법을 조합하여 개인에게 맞는 방법을 찾아보는 것이 좋다. 어떤 방법이 가장 효과적인지는 개인의 취향과 상황에 따라 다르므로, 여러 가지 방법을 시도해 보고 자신에게 가장 잘 맞는 방법을 선택하는 것이 좋다.

모든 것은 변한다

변화는 우리 삶에서 불가피한 요소이며, 자연법칙이기도 하다. 시간이 흐름에 따라 우리 주변의 모든 것은 변화하고 변모하게 되고 사람의 마음도 변하게 된다. 이 변화는 때로는 긍정적인 영향을 주기도 하며 때로는 도전과 어려움을 가져올 수도 있다.

그러나 변화를 받아들이고 적응하는 능력을 가지면 성장하고 발전할 수 있다. 변화를 인식하고 적극적으로 대처하는 것은 우리에게 중요한 능력이 될 수 있다. 변화에 유연하게 받아들이고 대응하며, 새로운 가능성을 발견하고 세상과 더불어 나아가는 것이 중요하다.

모든 것은 변한다. 매일 뜨는 해도 사실은 다르고 매년 오는 계절도 다르다. 그러나 변화를 받아들이기 어려운 경우가 있을 수 있다. 이는 개인의 성격, 경험, 상황 등에 따라 다양한 이유로 인해 발생할 수 있다. 일반적으로 알 수 없는 변화에 대한 불안감이나 두려움, 매일 겪는 생활패턴에서 벗어나는 불편함 등이 주요한 이유이다.

기술이 급속도 발전하는 현대사회에서 변화하는 미래를 예측하는 것은 어려운 일이지만, 상상해 볼 수 있다. 우리의 삶에 가장 큰 영향을 미칠 것으로 예상되는 변화는 인공지능과 과학기술의 발전이다. 현재의 AI 기술이 발전하면서 우리의 생활과 의식주도 더욱 발전할 것으로 예상된다. 미래에는 인간과 AI의 협업이 더욱 강화되며, 우리는 더욱 정교하고 다양한 네트워크에서 도움을 받을 수 있게 될 것이다.

또한 인공지능과 자동화 기술의 발전으로 인해 일상생활과 사회 구조에도 큰 변화가 예상된다. 드론의 등장, 자율 주행 차량의 보편화, 스마트 홈의 발전, 의료 기술의 혁신 등이 생각된다. 이러한 변화는 편리함과 효율성을 제공할 수 있지만, 동시에 새로운 도전과 윤리적인 고려 사항도 발생할 수 있다.

하지만, 미래는 매우 복잡하고 예측하기 어렵기 때문에 이는 가정일 뿐이다. 실제로 어떤 변화가 당신의 삶에 가장 큰 영향을 미칠지는 아무도 모르고 미래의 상황과 다양한 요인에 따라 다를 수 있다. 따라서 미래에 대한 예측은 항상 불확실성을 동반하며, 우리는 그에 대해 유연하게 대처해야 할 것이다.

또한 변화가 예상치 못한 결과를 가져올 수도 있기 때문에 불안을 느끼는 경우도 있다. 이전의 방식이나 환경에서는 익숙하고 안정감을 느끼지만, 새로운 변화는 항상 신선감이나 불확실성이 생기고 자신의 능력에 대한 불안을 느끼는 경우도 있다.

과거의 경험이나 익숙함에 고착되어 변화를 거부하는 경우도 있을 수 있다. 이는 새로운 시도나 도전에 대한 두려움이나 실패 때문인 것으로 보이나 역동적인 발전에는 방해 요인이 될 수 있다.

변화를 받아들이기 어려운 경우에는 자신의 감정과 이유를 이해하고, 변화에 대한 긍정적인 측면을 찾아보는 것이 도움이 될 수 있다. 또한 변화에 대한 자신의 능력과 적응을 잘할 수 있는지 여부를 평가하고 필요한 도움을 받는 것도 중요하다.

옛 속담에 강산도 10년이면 변한다는 말이 있다. 요즘은 5년이면 변한다. 짧게는 몇 초만에 변하고 사라지고 길게는 수십억 년 만에 사라지고 하는 시간의 차이만 있다. 시차는 있어도 오차는 없이 정확하게 모든 것은 변한다. 때가 되면 다 가야 한다. 영웅도 가고 호걸도 가야 하고 절세미인도 가야 한다. 좋은 사람이든 나쁜 사람이든 때가 되면 다 간다. '저 사람 참 좋은 사람인데 가니까 아깝네.' 해도 슬퍼할 필요가 없다. 좋은 사람이 한 분이 가면 또 좋은 사람이 한 명 태어나고, 나쁜 놈이 가면 또 나쁜 놈이 1명 태어난다. 지랄 보존의 법칙에 의해서 그렇게 돌아가는 것이다.

사람의 마음도 변하고 이 지구도 변하고 이 우주도 변하고 그리고 수십억 년이 지나면 저 태양도 이 우주도 없어진다. 성주괴공을 거듭하는 것이다. 이 세상에 변하지 않는 것은 없다. 단 한 가지 있기는 있다. 그것은 "모든 것은 변한다."는 이 말은 변하지 않는다.

연인들은 서로 영원히 사랑한다고 말한다. 우선은 그 말을 해야 한다. 낚기 위해서는 그런 말을 해야 하지만 사실 그런 건 없다. 길어야 3년 정도이다. 물도 흐르지 않으면 썩는다. 고인물은 썩는다. 사람도 그때그때 변해야 한다. 사람의 마음은 갈대와 같아야 한다. 그렇지 않으면 주변 사람과 적응하기 힘들다.

100년 전 우리나라는 세계 변화에 제때 적응하지 못했다. 그 결과 너무 큰 고통의 대가를 치렀다. 외국 군대가 들어와 청일전쟁을 겪었고 러일전쟁을 겪었고 식민지 시대를 맞이해야만 했다. 우리 선조들이 좀 더 일찍 깨어나서 세계 문물을 받아들이고 세계 사람들과 적응했으면 역사가 아마 좀 더 변하지 않았을까 하는 생각이 든다. 지나간 이야기지만 생각나서 이야기를 한번 해 본다.

은하철도999

앞으로 40년 후면 인류가 가지고 있는 8만 4,000가지의 모든 질병이 정복된다. 의사들은 인류의 병이 약 3만 6,000가지가 된다고 한다. 지상에서 천국을 누릴 수 있는 것이다.

그러니까 만수무강의 시대가 도래하는 것이다. 그렇게 영원히 살 수 있는 시대가 오면 인간은 과연 행복할까. 인간의 수명 연장이 삶의 의미에는 많은 영향을 미칠 수 있다. 수명이 연장되면 더 많은 기회와 경험을 쌓을 수 있다. 이는 새로운 도전과 성취를 통해 삶에 대한 더 깊은 의미를 발견할 수 있는 기회를 제공한다.

또 개인은 더 많은 시간과 기회를 갖게 된다. 이는 자기실현과 성장에 대한 목표를 달성하기 위해 더 많은 노력과 시간을 투자할 수 있는 기회를 얻는다. 더 많은 시간을 통해 지식을 습득하고 삶의 의미에 대해 생각하고 탐구할 수 있는 시간이 생긴다. 이는 자신의 가치관과 목표를 재고하고, 더욱 의미 있는 삶을 살기 위한 방향을 찾는 데 도움을 줄 수 있다.

수명 연장이 삶의 의미에 영향을 미칠 때에는 개인의 태도와 가치관이 큰 역할을 한다. 연장된 수명을 어떻게 활용하고 의미 있게 살아갈지는 개인의 선택과 노력에 달려 있다.

갑자기 옛날 어린 시절에 보던 은하철도 999라는 만화 영화가 생각난다. 철이와 메델이 영원한 생명을 얻기 위하여 머나먼 우주여행을 한다. 모험과 모험을 거듭하면서 결국 최종 역에 도착한다. 거기에만 가면 천국이 펼쳐지고 아름답고 한없이 즐거운 세상이 기다리고 있을 줄 알았다. 거기는 영원히 살 수 있는 사람만이 도달하는 곳이다.

그리고 며칠 후에 철이는 영원한 생명을 얻는 것을 포기하고 돌아온다. 무엇을 보았길래 포기하고 돌아왔을까? 그곳에 죽지 않는 영원한 생명이 있었던 것은 사실인데, 죽지 않는 생명이 얼마나 추한 모습이었는지 죽지 않는 것이 얼마나 불행한 일인지를 보았기 때문이다. 그래서 차라리 미련 없이 그 별을 떠난다.

인간은 무병장수를 꿈꾸지만은 그건 결코 행복도 불행도 아니다. 행복을 느끼려면 그만한 고통을 느껴야 한다. 그런 고통을 느끼지도 못하면서 행복을 추구하자니 결국 마약이나 하게 된다.

불행을 겪어 보지 못한 자가 행복을 느끼자니 웬만한 행복으로 양이 차지 않는 것이다. 인간은 어떻게 사느냐가 중요한 것 같다. 영원히 사는 시대가 오면 지상이 천국이 될 것 같은데 사실은 지옥이 될 것이다.

진리란

종교계에서 그토록 외쳐대던 진리란 무엇이길래 발견하는 것이 그렇게도 어려운가. 결국 진리는 복잡하고 다양한 요소들로 이루어져 있으며, 우리가 받아들이는 정보나 경험에 따라 다르게 이해될 수 있다. 또한 진리를 발견하기 위해서는 깊은 탐구와 탐색, 논리적인 사고, 과학적인 연구 등이 필요하다.

진리의 모순은 진리 자체에 대한 모순적인 성질이나 상황을 가리킨다. 이는 주로 철학적인 문제로 다루어지며, 진리의 정의와 특성에 대한 다양한 관점과 이론들로 인해 발생할 수 있다고 한다.

진리라면 철학적인 사고를 가진 분이라면 술 한 잔 걸치면서 끝없는 토론이나 논쟁거리가 되는 소재가 되기도 한다. 방황하는 젊은 청년들이 삶에 대한 의미를 찾고자 할 때에도 안주거리가 되는 낭만적인 단어이기도 했다. 진리의 모순은 철학적인 문제로서 계속해서 논의되고 있으며, 다양한 관점과 이론들이 제시되기도 한다. 이를 통해 진리의 본질과 특성에 대한 깊은 이해를 도모할 수 있다.

우리는 제한된 시간과 정보에 기반하여 현실을 이해하고 판단해야 하기 때문에 모든 것을 완벽하게 파악하는 것은 어렵다고 한다. 또한 인간은 주관적인 성향과 편견을 가지고 있을 수 있으며, 이러한 요소들

제4화 꽃이 세상을 비추다

이 진리를 발견하는 과정을 방해할 수도 있다고도 한다.

그리고 진리를 발견하기 위해 올바른 방법과 태도를 갖추고 노력한다면, 보다 정확하고 신뢰할 수 있는 정보를 얻을 수 있을 것이다. 지식을 넓히고 다양한 시각을 수용하며, 항상 의문을 가지고 탐구하는 태도를 유지하는 것이 중요하다. 또한 타인과의 소통과 토의를 통해 서로의 관점을 공유하고 함께 배우는 것도 진리를 발견하는 데 도움이 될 수 있다.

진리를 발견하는 것은 지속적인 과정이며, 결론에 도달하지 못하면 완벽하게 이루어지지 않을 수 있지만, 노력과 탐구를 통해 우리는 더욱 가까워질 수 있다. 만약 진리를 발견한다면, 그것이 삶과 인생에 많은 영향을 미치는 건 사실이다. 진리를 알게 되면 오랫동안 가지고 있던 오해나 잘못된 믿음을 바로잡을 수 있다. 이를 통해 더 나은 결정을 내릴 수 있고, 지식과 인식이 확장되며 더 나은 종교도 선택하는 길이 열린다.

진리는 인생의 방향성을 제시해 주고 삶의 목표를 설정하는 데 도움을 주기도 한다. 우리가 진리를 알게 되면 우리 자신과 다른 사람들, 그리고 세계에 대한 이해가 깊어지며, 그로 인해 더 나은 생활방식을 형성할 수 있다.

또한 진리를 알게 되면 현실에 대한 인식이 명확해지고 현실적인 인생을 살기 위한 노력과 행동이 더욱 효과적으로 이루어질 수 있다. 진리를 바탕으로 한 지식과 통찰은 우리의 인생을 더욱 뜻깊게 만들고, 성장과 발전에 도움을 줄 수 있다.

하지만 진리를 발견한다고 해서 모든 것이 완벽하게 해결되는 것은 아니다. 진리는 복잡하고 다양한 요소들로 이루어져 있으며, 우리가 이를 이해하고 받아들이는 과정은 시간과 노력을 필요로 한다. 또한 진리는 개인의 경험과 배경에 따라 해석될 수 있으므로, 각자의 관점과 경험을 존중하는 것이 중요하다.

결론적으로 말하면 진리란 무엇인가. 진리는 사실 별것 없다. 우리는 매일 진리를 듣고 산다. 그러면서도 알아듣지 못한다. 한번은 동료에게 진리가 뭔지 아냐고 물어보니까. 되레 나한테 "그것이 무엇인데요?" 하길래, "자네가 한번 알아봐라."라고 했다. "말해 줄 수는 있지만 듣고 나면 분명히 콧방귀를 뀔 것이다. 머리로는 다 알고 있고 이미 한번쯤은 모두 들었던 이야기이다. 그러나 가슴과 세포가 알아야 한다. 이 세포들이 알았을 때 그때 눈물을 흘리게 될 것이다."라고 했다.

사실 그렇다. 머리로는 거의 다 알고 있다. 근데 거기에 자기의 가슴이 알지를 못하면 진리인 줄을 모른다. 그래서 매일 들어도 콧방귀 뀔 뿐이다. 똑같은 말을 들었어도 어떤 사람은 콧방귀를 뀌고 어떤 사람은 시큰둥하고 어떤 사람은 감탄을 하고 어떤 사람은 눈물을 흘리는 그 진리의 차이가 난다. 왜 나느냐 하면 가슴이 덜 열리고 더 열리고 그 차이일 뿐이다. 깨달음이 우리가 이 감방에 떨어진 것을 알아차리는 것이라면 진리는 이 감방에 살고 있는 이 현실이 진리인 것이다.

삼매란 무엇인가

　삼매라는 것은 우주적 존재감을 느끼는 아주 깊은 집중에 빠진 상태이다. 우주적 존재감은 자기의 신체가 완전히 열려 인식을 넘어서 우주 전체와 연결되어 있는 느낌을 말한다. 우주와 내가 하나라는 감정을 느끼게 되고 우주의 공(空)을 자기의 몸에도 작용하여 온몸이 시원한 상태가 된다.

　우주적 존재감을 느끼는 것은 개인의 신체의 조건에 다를 수 없다. 어떤 사람들은 천체 관측, 우주에 대한 과학적인 탐구, 천문학적인 현상을 관찰하는 것을 통해 우주적 존재감의 지식을 얻기도 한다. 또 다른 사람들은 명상이나 심신의 평안과 조화를 통해 우주적인 연결을 느끼기도 한다. 이는 지식을 억지로 삼매의 상태로 만들어 보려는 이론에 불과하다.

　하지만 삼매는 우주적 존재감을 느끼는 것만으로 달성되는 것은 아니다. 삼매는 개인의 내면적인 변화와 평화를 향해 나아가는 과정이다. 우주적 존재감은 이러한 과정을 돕는 요소 중 하나일 뿐이다. 개인의 심적인 상태, 신체적 조건, 자세, 호흡상태 등도 삼매에 영향을 미치는 요소다.

　따라서 우주적 존재감을 느끼는 것은 해탈을 위한 하나의 방법이 될 수 있지만, 개인의 경험과 성향에 따라 다양한 방법을 함께 시도하고 평가하는 것이 중요하다. 그리고 삼매는 개인의 지속적인 노력과 탐구를 통해 이루어지는 과정이므로 인내심과 시간이 필요할 수 있다.

내가 초등학교 3~4학년 때쯤에 삼매에 한 번 빠진 적이 있었다. 하교 후에 집에 가방을 던져 놓고 엄마 아버지를 도우려 들에 가는 도중에 삼매를 느꼈다. 5월 정도 되었을 때였다. 그때는 시골에 버드나무가 많았었다.

한참 길을 가다가 쭉 뻗은 버드나무 잎들이 햇빛에 반사되어 반짝반짝 빛나는 것이 보였다. 참 세상에 그렇게 황홀할 수가 없었다. 푸른 빛깔의 햇빛이 반사되어 세상과 우주와 한 몸이 되어서 그 황홀경에 빠져 있었다. 나는 길 옆 잔디밭에 앉아서 한참 그것을 느끼고 있었다. 그때가 처음으로 삼매에 빠진 것이었으나 그것이 삼매인줄도 모르고 살았었다.

한참을 그러고 있는데 누군가가 지나가다가 "여기서 뭐하니?" 하고 물었다. 이웃집 아저씨였다. 나는 또 다시 그런 황홀경에 빠질 수 없을까 하는 마음으로 여태 살아왔다. 그러나 그런 삼매는 다시 어린애로 돌아가지 않고는 되지 않는다는 것을 알았다.

삼매는 첫째 자신의 기분이 업되어야 한다. 믿음이 있어서 자기 자신이 업되어야 된다는 걸 알았다. 그럴 때 가슴이 터질 듯한 황홀감을 느낀다. 정말 가슴이 터질까 봐 걱정될 정도다. 그 환희심이 치솟아 오르면서 한없는 희열감을 느낀다.

이때 기도를 하면 아주 잘 받아준다. 마치 신이 있는 것처럼 느껴진다. 신이 자기의 모든 기도를 받아주는 것처럼 느껴지고 신이 자기를 포근히 감싸 준다는 느낌이 든다. 그때 보통 사람들을 보면 불쌍하다는 생각이 든다. 이런 걸 저분들은 왜 모를까. 그렇게 불쌍하다는 생각을 하면서 옆에 가서 우리 종교를 믿으라고 이야기를 한다.

그렇게도 안 되면 지하철이나 길거리에선 마이크를 잡고 떠든다. 그것이 삼매의 1단계이다. 고작 8단계 중에 1단계에 불과하다. 처음에는 웃었지만 이제는 아예 고기를 돌려 버린다.

그런 사람은 다시는 그 종교에서 빼낼 수가 없다. 많은 사람들이 사이비에 빠져서 재산을 탕진하고 몸과 마음의 상처를 입고도 빠져나오지 못한다. 뒤늦게 알아도 이미 재산을 모두 헌납한 상태라 손아귀에서 벗어나지 못한다.

이런 종교에 빠져 있는 사람들은 보통 배우지 못한 무식한 사람들이 많을 것이라는 생각을 하지만 의외로 학식이 있는 사람들이 더 많은 편이다. 의사, 교수, 정치인, 사업가등 이런 사람들이 많다보니 보통 사람들도 또 많이 들어가는 편이다.

특히 감성이 예민한 여성들이 많은 편이다 보니 남성들도 같이 휩쓸러 간다.

인간은 고쳐 쓸 수 없는 것인가

사람들은 모두 자기 위주로 생각하고 행동한다. 보편적으로 사회생활을 하면서 보아 왔던 것을 기준으로 삼으면서 살아가기 때문에 그 도덕의 가치 판단이 생활의 중심이 된다. 그래서 자기 생각이 항상 옳다고 여긴다. 흔히 말하는 남을 많이 괴롭히는 사람들은 "내가 잘못한 게 뭔데?"라는 말을 많이 하고 마음에 상처를 많이 준다. 조언을 해도 듣지 않는다. 말을 해도 잘 알아듣지 못한다.

그래서 인간은 고쳐 쓸 수 없는 존재라고 한다. 심리학에서 보면 자기가 무엇을 잘못하고 있다는 것을 알면 충분히 고칠 수 있다. 그런데 고칠 수 없는 것은 자기가 하고 있는 그 행동이 잘못이라고 한 번도 생각해 본 적이 없기 때문이다. 그래서 고쳐 쓸 수 없는 것이다.

네 잘못은 이러이러한 것이라고 말을 하면 그게 무슨 큰 잘못이냐고 되레 따진다. 대수롭지 않게 생각한다. 그래서 고쳐지지가 않는다. 성희롱을 많이 하는 사람들은 그것이 나쁜 것이라고 생각하지 못하고 남에게 상처를 많이 주는 말을 하는 사람들은 그것이 나쁜 말이라고 생각하지 않는다. 그래서 계속해서 그짓을 하고 있는 것이다.

충격적인 말을 해도 자기가 경험하지 못했으니까 알아듣지도 못하고 잘 고쳐지지도 않는다. 물론 자주 만나지 않는 사람들은 그런 부류의 사람들은 피하면 된다. 그런데 매일 봐야 하고 매일 같이 생활하고 같이 일을 하는 사람들은 피할 수도 없다.

나쁜 사람이 고쳐지지 않는 여러 가지 이유가 있다. 이런 것들만 고치면 사람들은 변화하고 성장할 수 있는 능력을 갖고 있다. 나쁜 행동의 원인과 그로 인한 영향을 인식하지 못하는 것이 중요 원인 중의 하나다. 자기 인식을 통해 문제를 인식하고 정정하려는 의지를 가져야 하는데 그런 의지가 전혀 보이지 않는다.

변화를 이끌기 위해서는 자기 개선에 주력해야 되는데 그럴 의지가 없어 보인다. 자기반성, 도덕적 의식 및 윤리적 사고방식을 강화하는 것이 도움이 된다. 이를 위해 내면 성찰과 교육이 필요할 수 있다.

변화를 이루기 위해 도움을 받는 것도 중요하다. 가족, 친구, 전문가, 심리 상담사와의 대화나 지원을 받을 수 있다. 그들은 지침과 조언을 주고 동기부여를 제공해 줄 수 있다. 전문 상담가에게 문의하는 것도 좋은 방법일 것 같다. 나쁜 행동에서 벗어나기 위해서는 책임감과 자기 통제 능력도 필요하다. 자신의 행동과 그에 따른 결과에 대해 책임지고, 자기 통제를 통해 유익한 선택을 할 수 있어야 한다. 사람에게 변화하려는 의지와 노력이 있을 때, 실질적인 변화가 가능하다. 그러나 변화에는 시간이 걸리고 지속적인 노력과 투지가 필요하다.

인간은 고쳐 쓸 수 없는 존재는 아니다. 인간은 지속적인 학습과 발전을 통해 자기 자신을 개선하고 성장할 수 있는 능력을 갖고 있다. 인간은 실수를 저지르거나 잘못된 행동을 할 수도 있지만, 그로 인해 배우고 성장하며 새로운 지혜를 얻을 수 있다. 또한 인간은 자기 개선을 위해 지속적으로 노력하고 자기 발전을 위한 목표를 설정할 수 있다. 따라서 인간은 자신을 고쳐 쓸 수 있는 존재다.

신화가 역사인가

신화는 허구인가 아니면 역사인가.

맞다. 신화가 역사가 된 사례는 많다. 역사와 신화는 종종 얽혀 있는 관계이며, 신화는 특정한 문화나 사회에서 특별한 의미를 가지는 이야기로 전해지며, 종종 실제 역사적 사건과 관련이 있다. 이러한 신화는 사람들의 신념이나 가치관을 형성하고 전달하는 역할을 하기도 한다.

신화라고 하면 제일 먼저 우리나라 단군신화부터 떠올리는 분들이 많을 것이다. 곰이 100일 동안 마늘과 쑥을 먹고는 인간이 된 최초의 신화라고나 할까. 단군신화에는 다양한 설이 존재하지만, 일반적으로는 다음과 같은 내용으로 전해진다.

단군신화에 따르면, 단군 황제는 하늘의 도움을 받아 의월산에서 태어났다고 전해져 내려온다. 어느 날 단군 황제는 하늘로부터 천사의 모습을 한 서토리라는 새를 보게 된다. 이 새는 단군에게 인도의 역할을 맡겨 고려시대 이전에 한반도에 거주하던 부족들을 통일하고 새로운 나라를 건국하라는 지시를 받았다.

그는 의월산에서 나와 함께 사람들을 이끌며 여러 부족들을 통일하고, 이를 토대로 고조선을 건국했다고 한다. 그는 이후 고조선의 첫 번째 황제로 책봉을 받았으며, 천하의 평화와 번영을 위해 노력했다.

그는 자비로운 성품과 뛰어난 지혜를 지니고 있었으며, 동물들과 대화할 수 있는 능력을 가지고 있었다고 한다. 이것이 우리나라 사람들 대부분이 알고 있는 단군신화에 대한 일반적인 상식이다.

단군신화는 역사적인 사실과 신화적인 요소가 혼합된 이야기로서, 역사적인 증거로 입증되기도 한다. 그래서 이 신화는 한국 역사와 문화에서 중요한 역할을 하며, 한국인들의 정체성과 역사적인 자부심을 형성하는 데 큰 영향을 주었다.

유럽 쪽으로 건너가면 또 떠오르는 신화가 많다. 그 대표적인 신화가 그리스 로마 신화다. 그리스 로마 신화에 등장하는 신들과 영웅들의 이야기는 그리스 역사와 깊은 연관이 있다. 트로이 전쟁, 헤라클레스의 업적, 오디세우스의 모험 등은 신화 속 이야기이지만, 그리스의 실제 역사와도 연결되어 있다.

그리스 로마 신화 속에서는 신들이 사랑을 하고 전쟁을 하고 사랑을 쟁취하려고 모험을 하고 질투와 저주를 내린다. 불교적 입장에서 보면 그런 신화를 완전한 중생의 신화라고 할 수 있다. 어떻게 신들이 사랑과 질투를 하고 배신을 할 수 있단 말인가? 그보다 더 무서운 것은 저주를 내리고 고통을 준다는 것이다.

신화에도 인류의 기원에 대한 신화들이 있다. 종교적 입장에서는 좀 기분이 나쁠 수도 있다. 종교 관념에서는 신이 흙을 빚어서 인간을 만들고 갈비뼈를 떼어서 또 다른 인간을 만들었다고 나와 있다. 신화에서는 인간이 탄생하기를 저 멀리 외계인들이 내려와서 유전자 조합으로서 인간을 복제했다고 나와 있다. 일부 여러 국가에서도 자기의 조상을 개라고 믿고 있는 집단들이 있다.

그 최초의 인간이 말을 유전복제해서 만들었는데 실패한 사람이 켄

타우로스라고 한다. 그다음으로 성공을 한 것이 있는데. 개를 복제에 성공한 것이었다고 한다. 아바타에서는 고양이를 복제하였다고 나와 있지만 물론 영화이다.

먼 외계 인종들이 내려와서 개를 복제하니까 인간이 되었다고 해서 백인이 탄생했다고 한다. 누렁이를 복제했더니 머리가 노란 백인이 나왔다고 하고. 붉은 개를 복제하니까 빨강머리 앤 같은 백인이 나왔다고 하고, 흰 개와 검은 개를 복제했더니 검은 머리 흰머리 인간이 탄생되었고 한다. 보라색 파란색 머리가 없는 것은 보라색 파란색 개가 없었기 때문이라고 한다. 이 신화는 세계의 여러 지역에서 믿고 있는 신화다.

우리는 곰의 자손이라고 할 수도 있다. 곰의 머리털이 검은 것으로 봐서는 전부 곰의 자손인가 보다. 그래서 살아가는 습성도 곰과 비슷하고 백인들은 하는 습성이 개와 비슷하다고 한다. 아이에게 위험이 닥치면 한국인은 아이를 끌어안지만 백인들은 개처럼 아기를 뒤에 두고 정면 돌파하는 습성이 있다. 화장실에 가도 똥과 오줌을 분리 배출하는 습성이 있다고 한다. 직접 보지는 못했지만 그렇다고 한다.

그러고 보면 신화가 완전한 허구는 아닌 것인가. 유전자를 더 조사해 보면 알 수 있는 문제인 것 같다.

일리아드 오디세이의 대 서사시도 처음에는 소설이 아닌 신화였다. 처음에는 소설이 아닌 장문의 시로 쓰여 있었다. 신의 아들이 등장을 하고 신의 이름이 등장하니까 당연히 처음에는 신화였다고 주장을 했다. 그러나 슐리만 박사의 생각은 틀렸다. 에게해를 중심으로 일어나는 대 사건들이 거저 신화가 아니라 역사일 것이라고 생각하여 발굴 현장에 나섰다. 튀르키예와 그리스 사이에서 일어난 일이니까 튀르키

예쪽 해안에 트로이 성이 있을 것이라 생각하고 발굴에 나섰던 것인데 처음에는 전부 다 비웃었다.

그러나 그분은 해안가에 대서사시에 나올 만한 장소를 찾아 어디쯤인가 일치하는 지형을 찾았던 것이다. 그래서 그곳을 조사해서 발굴을 시작했다. 그런데 정말 그곳에서 유물이 발견되었던 것이다. 성터가 나오고 황금 유물이 나왔다. 이렇게 신화가 역사로 밝혀진 일도 있다.

그리스 신화는 백인들의 역사와 문화에 큰 영향을 미쳤다. 그리스 신화에는 강력한 신들과 영웅들의 이야기가 포함되어 있으며, 그들의 탄생과 모험, 사랑과 싸움 등이 담겨 있다. 이 중에서도 가장 유명한 신화 중 하나는 제우스의 탄생 신화다. 제우스는 그리스 신화에서 가장 강력한 신 중 하나로 여겨지며, 그의 탄생은 그의 부모인 크로노스와 레아의 이야기와 관련되어 있다.

이 외에도 다른 백인 문화들에서도 각자의 탄생 신화와 전설들이 전해져 오고 있다. 이러한 신화들은 백인들의 역사와 가치관, 상상력을 이해하는 데 도움을 줄 수 있으며, 해당 문화를 더욱 깊이 이해하는 데 도움이 될 수 있다.

또한 단군은 농경, 사회질서, 음악, 예술 등 다양한 분야에서 문화와 지식의 발전을 도모했다. 그는 인류의 시조로서 한민족의 시초를 이루는 중요한 인물로 여겨지며, 한국인들은 단군을 조상으로 여기고 그의 가르침과 정신을 따르는 것을 중요하게 여긴다.

또 다른 예로는 중국의 황제 신화인 황제의 기원과 관련된 이야기가 있다. 이러한 신화는 중국의 역사와 국가의 근본적인 기원에 대한 이해를 형성하는 데에 큰 영향을 주었다.

하지만 신화와 역사는 엄연히 구분되는 개념이기도 하다. 신화는 종종 상상력과 신비로움으로 가득한 이야기이지만, 역사는 실제로 일어난 사건과 사실에 기반을 둔다. 그래서 신화는 역사책에 기록이 되지 않고 구전으로 전해져 내려오다가 많이 변형이 되기도 한다. 신화가 역사로 인정받기 위해서는 충분한 역사적 근거와 연구가 필요하다.

그리고 신화와 역사는 몇 가지 중요한 차이점이 있다. 물론 신화는 특정한 문화나 사회에서 전해져 오는 전설적이고 믿기 어려운 황당한 비현실적인 이야기들이 많다. 그러나 신화는 종종 역사의 기원이나 문화적인 가치, 사회적인 구조를 이해하는 데 도움이 되기도 한다.

역사는 과거의 사건과 사람들의 행동을 기록하는 것이며, 주로 증거와 사실에 기반을 두고 있다. 그래서 신화와 역사는 서로 다른 측면을 갖고 있지만, 때로는 상호작용하며 영향을 미칠 수도 있다. 역사는 신화를 통해 이해할 수 있는 많은 측면을 제공하고, 신화는 역사를 풍부하게 만들어 줄 수 있다. 따라서 신화와 역사는 상호보완적인 관계에 있을 수 있으며, 신화가 역사로 발전할 수도 있다.

신화는 비현실적이지만 고도의 문명인이 개입하면 가능성도 충분히 있을 수 있는 이야기다. 역사는 사실의 의한 기록과 증거가 있어야 한다. 신화는 종종 초월적인 존재, 신비한 사건, 영웅적인 이야기 등을 다루며 실제로 일어난 사건이나 인물보다는 상징적인 의미가 담겨 있다. 반면에 역사는 가능한 한 사실과 증거를 근거로 하여 과거의 사건과 인물을 기록하고 이해하는 데 중점을 둔다.

신화는 최초의 기록에 의해서 전해지는 과정은 변질되지 않지만 구전에서 구전으로 전해질 때에는 변형되거나 추가되는 경우가 많다. 신화는 수 t[대의 조상들로부터 구전으로 전달되며, 이 과정에서 다양한 과장과 해석이 발생할 수 있다. 따라서 동일한 신화가 다른 문화나 지역에서는 다른 형태로 전해질 수 있다. 반면에 역사는 가능한 한 정확한 기록과 증거를 바탕으로 기록되며, 다양한 역사학적 연구와 검증 과정을 거친다.

신화는 종종 신성한 존재나 신들과의 상호작용, 초월적인 세계를 다루는 반면, 역사는 인간의 행동과 사회적인 구조를 중심으로 다룬다. 신화는 종종 인간의 경험을 초월하는 영역을 다루고 상징적인 의미를 갖는다. 반면에 역사는 인간의 역할과 행동, 문화, 사회적인 변화 등을 다양한 측면에서 이해하고 설명한다.

이러한 차이점들로 인해 신화와 역사는 서로 다른 목적과 의미를 갖고 있으며, 각각의 독특한 가치와 의미를 가지고 있다. 신화와 역사는 다양한 방식으로 상호작용할 수 있다.

신화가 실제로 역사적 사건이나 인물을 기반으로 만들어진 경우가 있다. 이러한 역사적 사건이나 인물을 신격화하고 상징화하여 신화로 업그레이드하고, 민중에 국가관이나 풍습의 미를 전달하는 역할을 한다. 이런 신화는 역사적 사건의 기록과 함께 전해짐으로써 역사와 상호작용하게 된다.

결론적으로 말하면 신화가 역사가 된 사례는 많지만, 신화와 역사는 별개의 개념이며, 신화가 역사로 인정받기 위해서는 신중한 검토와 근거가 필요하다.

작가의 말

끝으로 제3의 눈을 깨달음에 비유하여
장황하게 이야기했다.
여러분들의 이해를 돕기 위하여
과장된 말도 있었고 꾸며 낸 이야기도 있었다.
여러분들의 삶이 한층 더 업그레이드되고
영적 성장이 이루어지기를 바라면서
이 글을 마친다.

작가 인터뷰

이 책을 쓰게 된 동기는 무엇인가요?

인간들이 열심히 사는 이유를 몇 가지 추려보았다. 첫째는 제일 많이 추구하는 것이 행복을 위한 삶이고, 둘째는 쾌락을 위한 삶, 셋째는 생존을 위한 삶, 넷째는 생존과 쾌락을 위한 삶, 다섯째는 오로지 신을 위한 삶이며, 일부 수행자들은 인간의 본성을 찾고자 사는 삶이다.

대부분 이 세상을 사는 이유인 것들이다. 영화를 보다가 삶과 죽음 속에서 인간의 절규를 보다가 깨달은 바를 이야기해 보겠다.

2차 세계대전 때 수많은 사람들이 죽었다. 7,000만 명이라는 무시무시한 숫자의 사람들이 죽었다. 한국전쟁 때에도 수십만 명의 사람들이 죽었다. 7,000만 명이라면은 지금 우리나라 남한 인구가 전부 죽었다는 뜻이고 북한 인구도 모두 죽었다는 뜻이다. 그렇게 많은 사람들이 고통 속에서 죽어갈 때에 신은 왜 침묵하고 있었냐고 묻고 싶었다. 한때 유럽을 휩쓸었던 스페인 독감이나 흑사병 때도 수억 명이 죽었지만 신은 왜 침묵하고 있었는가 하고 묻고 싶었다. 결국 신은 아무것도 한 것이 없었다. 그런데도 인간들은 신을 합리화시켜 주었다. 여러 가지 증거를 갖다 대면서 합리화시켜 주었다. 현대 과학이 이렇게 발전했는데도 아직도 신을 믿고 합리화시켜 주고 있다.

여기서 나는 인간들의 어리석음과 욕심이 이 세상을 얼마나 어둡게 하는지 알려 주고 싶었다. 현실 세계를 좀 더 똑바로 보라는 뜻에서 이 글을 쓰게 되었다. 물론 주변에서 4명이라는 지인들이 극단적인 삶을 선택하고 생명을 끊는 그런 참상도 보았다. 그것 역시 이 책을 쓰게 된 이유 중 하나이지만 나는 결국 인간들이 신에 세뇌되어 허우적거리지 말고 진리를 보는 눈을 가지라고 말하고 싶었고, 그 눈을 뜬 현상에 대해서 주저리주저리 얘기하게 된 것이다. 말로서 듣는 것보다는 직접 눈을 통해서 보라고 말하고 싶었다. 그래야 허와 실을 정확하게 알게 될 것이다.

인간 본성에 대한 작가님의 이해가 작품에 어떻게 반영되었나요?

현대사회에서의 삶의 의미는 예나 지금이나 별반 다를 것이 없다. 옛날에는 어떻게 살아야 하는 것이 잘 사는 것이고 현대사회에서는 어떻게 사는 것이 잘 사용하는 것이라고는 나와 있지 않다. 정석이라고 나와 있는 것도 없다.

이 눈을 뜨면 먼 옛날 원시시대나 현대 사회를 살아가는 인간들의 생활방식을 보는 데 많은 도움이 될 것 같다. 일단 선과 악을 크게 구별하지 않는 마음이 들 것이고 악을 그렇게 미워하지 않게 된다. 우리 인류는 원시사회 때부터 대자연과 싸우면서 살아왔다. 맹수로부터 자기 자신을 보호하고 재빠른 짐승을 사냥하며 빠른 물고기들을 잡아서 생존해 왔었다. 천렵과 수렵으로 목숨을 연명하며 자연과 싸우면서 살아왔을 것이다. 그런 능력이 없으면 힘든 농사를 지으며 살아야 했을 것이다. 강한 남자만이 살 수 있는 그런 혹독한 자연에서 살기 위해서는 무엇보다도 강인한 체력이 있어야 했을 것이다. 나약한 사람은 살 수 없는 세상에 사는 것이 얼마나 힘든 것인지 알게 된다. 나약한 사람은 도태되고 만다. 그렇게 살기 힘든 세상인데 여자들이 살아야 하는 삶은 어땠을까? 맹수들로부터 자기 자신을 보호하고 재빠른 짐승을 사냥한다는 건 사실 거의 불가능에 가깝다. 그런 여자들이 살아가는 방법은 단 한 가지, 강한 남성에게 의존하여 사는 수밖에 없었다. 물속에 들어가서 빠른 물고기를 잡을 수 없을뿐더러 힘든 농사를 할 수 없는 연약한 여자들이 사는 방법은 단 하나, 강한 남성을 찾아서 의존하여 살

작가 인터뷰

아가는 방법이다. 그러면 그 남성에게 몸을 허락하여 아이를 낳아줘야 하는 의무가 생긴 것이다. 현대사회에서도 여자들의 삶은 별반 다를 바 없다. 원시사회에서의 삶이 지금까지도 이어져 내려온다. 여자들은 결혼하여 남자에게 의존하여 몸을 허락하여 아이를 낳아주고 현대사회에서도 그렇게 살고 있다. 못생긴 여자들은 도태되기 때문에 얼굴에 화장을 하고 머리에 꽃을 꽂았다. 선택받지 못하는 여자는 바로 나약한 남자가 도태되듯이 여자 또한 그렇게 도태되기 때문이다. 그나마 다행인 것은 현대사회는 문명이 발전하면서 여성들도 돈벌이를 할 수 있는 많은 직업들이 생겨나고 있다. 미용사, 회계사, 중계사, 설계사, 작가, 무용가 등 현대사회에서는 여성에게 적합한 많은 직업이 있어서 남자로부터 조금 탈피할 수 있고 독립할 수 있는 직업들이 생겨나고 있는 것이다. 그래도 결혼하지 않고 남자에게 의지하여 사는 사람을 현대사회에서는 나쁜 말로 꽃뱀이라고들 부른다. 원시사회에서의 생활 방식에서 비롯된 여자들의 생존 본성은 현재까지도 알게 모르게 스며들어 있다.

현대사회에서는 꽃뱀을 오늘 아주 나쁜 짓이라고 규정하여 질타하는 사람들이 많다. 따지고 보면 여자들의 생존 방식인 것이다. 그런데 여자를 보호하는 법을 이용하여 덫을 놓아 남자들을 악의 구렁텅이에 빠뜨려서 성범죄자로 몰아서 남자에게 많은 돈을 뜯는다거나 다시는 일어나지 못할 정도로 많은 피를 빨아서 남자를 아사시키는 아주 교활한 꽃뱀들이 나쁜 것이다. 그렇지 않고 적당하게 남자에게 의존하여 살아가는 것이 굳이 나쁘다고 말할 것까지는 없는 것 같다.

평소 알고 지내는 나이 지긋하신 여성분에게 질문을 했다. "여자들은 어떤 남자들을 좋아하나요?" 그러자 "능력 있는 남자가 좋지 않나요?" 하시더라. 그래서 저 여자분은 아직도 생존본능에 의존하여 남자를 고르는구나 하는 것을 알 수 있었다. 대부분의 여자들은 근육이 발달하고 체격이 우람하여 자기를 보호해 주고 챙겨주고 먹여 살려 줄 수 있는 남자들에게 매력을 느낀다는 것을 알 수 있었다. 요즘은 스펙이 좋거나 연봉이 높고 안정된 직장이 있는 남성이 인기가 좋은 이유가 바로 이 때문이다. 사랑하여 결혼하는 여자는 별로 없는 듯하다. 능력이 없는 남자라는 것이 확인면은 떠나는 것이 여자의 습성인가. 사업에 실패하여 어려운 상황이 있으면 같이 협력하여 도와줄 생각을 하지 않고 가망이 없다 싶으면 다른 남성에게 눈을 돌린다. 실패하여 우는 남자 옆에서 도와주기는커녕 이별을 통보하는 것이다. 그것도 여자의 생존본능인가에 대해서는 자신할 수가 없다. 그래도 끝까지 남아서 생사고락을 같이 할 양심 있는 여성들이 더 많기 때문이다.

   제3의 눈을 통하면 이러한 모든 삶의 생존본능을 하나하나 꿰뚫어 볼 수 있는 능력이 생긴다. 이 눈을 뜬다고 해서 어떤 특별한 능력이 생기기를 바라는 것은 잘못된 생각이다. 이 눈을 떠보지 않고는 참으로 이해하기 힘들다. 자신이 직접 겪어봐야 한다. 이 눈을 뜨면 처절하게 사는 불쌍한 인간을 보고 며칠간 흐르는 눈물을 감출 수가 없다. 이 눈을 떴을 때 어떤 현상이 생기는지 말하고 싶었다. 어떤 특별한 경험이나 미래를 예측하는 능력이 생기는 것은 아니다. 그건 좀 더 수련을 해야 도달할 수 있는 경지이다.

독자들에게 한 마디 해주세요.

   살아가는 데 너무 돈을 좇지 말라고, 먹고사는 일에 너무 많은 신체적 낭비를 하지 말라고 이야기하고 싶다. 돈 버는 데 인생을 너무 쏟아

붙지 말고 영적 성장에 이르는 눈을 키우라고 말하고 싶다. 이 눈을 떠야 인생을 논할 수 있고, 방향을 잡을 수 있기 때문이다. 이 세상이 얼마나 재밌게 돌아가는지, 이 세상이 환영이자 홀로그램이라는 것도 알게 될 것이다. 이 우주는 거대한 한 인간의 세포 속에 살고 있다는 것도 알게 된다. 그런 단계가 와야 죽음을 초월하는 모습을 보일 수가 있다. 뤽 베송 감독의 〈루시〉라는 영화를 감명 깊게 보았다. 스무 번 이상 봤는데도 지겹지 않았다. 이 영화를 재밌게 본 이유 중에 하나가 그 눈을 떴을 때의 모습을 흡사하게 그렸기 때문이다. 제3의 눈을 뜬 경험을 알고 싶다면 이 영화를 추천한다.

제3의 눈이 떴을 때 나타나는 현상은 머릿속에서 상상하는 것과는 다르다. 인간의 사는 형식이 눈에 보이기 시작한다. 인간들이 살아가는 처절한 삶이 눈에 보이기 시작한다. 각자도생하기 위해서 열심히 사는 모습, 악행을 하고 사기를 치고 여성들은 꽃뱀짓을 하고 여우짓을 하는 것도 보게 된다. 실제 눈으로 보는 것과 이 눈을 통해서 보는 것은 확실히 다르다. 그리고 마지막으로 허망하게 죽어가는 모습, 또 늙어가는 모습을 보고 인간들이 얼마나 허망하게 살고 있는지를 보게 된다. 죽음이 끝이 아니라는 것도 알게 된다.

제3의 눈을 뜬다는 것은 인간의 허와 실을 보게 된다는 뜻이다. 순수하고 맑은 의식 체계를 강화하고 확장시켜 나가는 것을 의미한다. 이를 통해 우리는 물질적인 세계를 넘어선 더 높은 차원의 인식과 통찰력을 얻을 수 있다.

이 눈이 열리면 영적 각성이 일어난다. 이는 우리가 물질적인 세계를 넘어 더 높은 차원의 의식 세계에 접근할 수 있게 되는 것을 의미한다. 결국 신이 인간에게 들려주는 현상과 같은 과정을 보게 되는 것이다. 이를 통해 우리는 자신의 내면을 더 깊이 탐험하고, 우주와 자신의 연결고리를 발견할 수 있다. 이러한 영적 각성은 우리에게 새로운 통찰력과 지혜를 선사하며, 삶의 의미와 목적을 재발견할 수 있게 한다.

이 눈이 열리는 방식은 개인마다 다양하게 나타나지만, 열려 있는 모든 사람에게서 직관력이 발달하고 영적 능력이 확장되는 동일한 현상도 보인다. 어떤 이에게는 머리가 찌릿하거나 등줄기가 아픈 신체적 변화가 나타날 수 있다. 이 과정은 때로는 쉽지 않을 수 있지만 우리가 더 높은 차원의 무아를 발견할 수 있게 한다.

완전히 눈이 열렸을 때의 현상은 지혜를 얻었을 때와 같다. 도교에서 말하는 임·동맥이 열리고 차크라가 완전히 열렸을 때는 몸이 100% 가동된 상태를 얘기한다. 그 상태가 되면 우주와 내가 일체가 된 것 같다. 온몸이 뚫린 상태가 되어 시원한 상태가 되고 텅 빈 공(空)을 맛보게 된다.

이런 경우는 눈이 열렸을 때보다 훨씬 더 많은 수련을 하고 수행을 해야만 얻을 수 있는 결과물이다. 아주 고수들이 가는 단계까지 가야 얻을 수 있는 지혜의 단계이다. 그러나 일반 사람들은 눈을 뜬 것만으로도 엄청난 효과를 얻은 것이다. 그것만 해도 나는 많은 것을 얻지 않았는가 하는 생각을 한다.

작가 홈페이지

제3의 눈과 음모론

발행일 2024년 8월 23일
지은이 성도영
펴낸이 마형민
기획 신건희
편집 이은주 최지민 곽하늘
디자인 김안석
펴낸곳 (주)페스트북
주소 경기도 안양시 안양판교로 20
홈페이지 festbook.co.kr

© 성도영 2024

ISBN 979-11-6929-561-1 03110
값 16,000원

* 이 책은 저작권법에 의해 보호를 받는 저작물이므로 무단 전재와 무단 복제를 금합니다.
* (주)페스트북은 작가중심주의를 고수합니다. 누구나 인생의 새로운 챕터를 쓰도록 돕습니다.
  creative@festbook.co.kr로 자신만의 목소리를 보내주세요.